행복을 찾아주는 붓다의 메시지

그리운 아버지의
술 냄새

이미령 지음

불광출판사

행복을 찾아주는 붓다의 메시지

그리운 아버지의 술 냄새

행복이라는 집으로 안내하는 빛

한승원 / 소설가

"깨끗하고 곱게 단장하고 금과 은의 장식품들을 주렁주렁 단 아름다운 얼굴 우유색깔인 여인이 한 부잣집의 대문을 두드렸습니다. 주인이 누구신데 어찌하여 찾아왔느냐고 묻자, 문밖의 여인이 낭랑한 목소리로 대답했습니다.

'저는 공덕천이라는 여자인데, 저를 맞이하는 사람의 집에 기쁨과 행복과 횡재와 영광을 안겨드립니다.' 주인은 어서 오십시오, 하며 문을 열어, 그 아름다운 여인을 맞이했습니다. 그 여인 공덕천의 몸에서는 가슴을 서늘하게 하는 향기가 풍겼습니다.

그런데 어찌된 일입니까. 그 아름다운 여인의 등 뒤에 서있던 얼굴 새까맣고 헌 누더기를 걸치고 흉측한 냄새가 나는 거지 여인이 따라 들어오려고 했습니다. 주인은 깜짝 놀란 나머지 '너는 안 돼.' 하고 소리치며 그 얼굴 새까만 거지 여인을 밀어냈습니다. 그러자, 그 거지 여인이 목이 많이 쉰 컬컬한 목소리로 주인에게 말했습니다. '저는 흑암천이란 여자인데, 저를 맞아들이는 사람의 집에 절망과 좌절과 슬픔과 손재수와 고통과 죽음을 안겨줍니다.' 주인은 외치듯이 흑암천이란 여인을 향해 말했습니다. '그렇기 때문에 너는 들어오면 안 돼.'

그러자 얼굴 하얀 공덕천 여인이 주인에게 말했습니다. '공덕천인 저와 흑암천은 쌍둥이인데, 둘이 떨어져 있는 것 같지만 사실은 한 몸입니다. 그러므로 제가 들어가면 동생 흑암천도 들어가야 합니다.'"

『대반열반경』에 있는 이 이야기는 '행복이나 행운, 그리고 불행이나 액운이라는 것은 동전의 양면' 이라는 것을 가르치는 말입니다. 세상의 모든 사람들은 그 두 자매를 받아들이지 않을 수 없는 운명들을 지니고 살아갑니다. 행복이나 행운, 불행이나 불운은 실체도 없고 척도도 없습니다.

아파트 두 채 세 채를 가지고 있다고 해서 반드시 행복한 것도 아니고, 비좁다 싶은 단독주택이나 평수 적은 아파트에서 산다고 반드시 불행한 것도 아닙니다. 도시에서 산다고 반드시 행복한 것도 아니고 시골에서 산다고 반드시 불행한 것도 아닙니다. 높은 지위에 올라 있거나, 큰 사업을 한다고 반드시 행복한 것도 아니고, 낮은 지위에 있거나 종업원 노릇을 한다고 반드시 불행한 것도 아닙니다.

우리 불교에는 오래 전부터 경전을 읽으면서 점차 깨달아 가는 수행(점수)과 참선을 통해 단박에 깨달아버리는 수행(돈오)이 공존해 왔습니다. 둘 다 아주 중요한 수행방법입니다. 그런데 참선을 통하여 깨닫는 수행이 강조되는 마당에서는 경전 읽는 일을 등한시할 수 있습니다.

그러한 가운데 이 책의 저자는 경전 읽는 일을 꾸준하게 해 온 학자 보살로서, 미처 그것을 읽지 못하는 대중들에게 보석 같은 부처님의 말씀 한 마디 한 마디를 들려주고, 거기에 절실한 해석의 덕담까지를 곁들여주고 있습니다.

저는 이 책을 한 장 한 장 읽어가면서, 이 책의 지은이가, 달도 별도 가로등도 없는 깜깜한 밤의 울퉁불퉁한 골목길을 앞장서서 가면서, 초롱불을 비쳐주며 행복이라는 집으로 안내하고 있음을 알아차렸습니다.

당신이 이 책을 읽으신다면 저보다 훨씬 더 좋은 말로 이 책의 내용을 칭찬하실 것입니다.

불기 2551년 5월 아카시아 향기 속에서
해산토굴 주인 **한승원**

쉽고도 재미있고 그리고 감동을 주면서도 깊은 울림이 오래가는 글….

'행복을 찾아주는 부처님 말씀'이라는 제목으로 현대불교신문에 매주 칼럼을 기고하면서 이런 글을 쓰자고 혼자 다짐했는데 어떤 분이 내 생각을 전해 듣고 웃으며 말하더군요.

"세상에서 가장 어려운 글을 쓰려고 하는군요."

그래도 열심히 고민하면서 주제를 찾고 글을 쓰자니 책상 앞에서, 도서관에서 문자로만 만나오던 사상들이 거리에서, 시장에서, 지하철에서 불쑥 머리를 내밀고 내게 찾아왔습니다.

예전에는 그저 그런 느낌으로 지나쳤던 일들이 다시 한 번 곱씹어보니 참 아름다운 내용들을 담고 있더군요.

글을 써가면서 나도 모르게 자꾸만 '아!' 하고 탄성을 질렀습니다. '이런 줄 몰랐어.' '이렇게 새삼스러울 줄 몰랐어.'

　아주 오래 전 어둑한 잡화점 돈궤 앞에서 계몽사 영업사원에게서 50권짜리 세계명작동화전집을 사서 둘째딸에게 선물하셨던 아버지가 글을 쓰는 내내 뇌리를 떠나지 않았습니다.

　오랜 번역가 생활 끝에 처음으로 저서를 내면서 아버지가 곁에 계셨다면 얼마나 좋아하실까…생각했습니다.

　참 좋아하실 거예요.

　그렇지요?

2007년 연둣빛이 세상을 감싸는 5월에
이미령 두 손 모읍니다.

추천사 / 한승원 ·········· 3

머리말 ·········· 6

행복은 어디에서 오는가

내게 찾아온 행복 ·········· 14

세속의 행복은 죄가 아니다 ·········· 18

착한 일 하고도 화를 낸 남자 ·········· 22

바로 지금 행복해지기 ·········· 26

돈 없이도 할 수 있는 7가지 보시 ·········· 30

좋은 이름을 찾아 길 떠난 소년 이야기 ·········· 34

건강, 인생의 최고 가치? ·········· 39

행복을 부르는 세 가지 마음 ·········· 43

세상에서 가장 아름다운 이름, 가족

외할머니와 사루비아 …………………… 50

당신은 어떤 아내입니까? …………………… 54

21세기의 부부관계 …………………… 58

사별의 눈물을 거둔 두 사람 …………………… 62

업, 전생의 죄갚음일까? …………………… 68

그리운 아버지의 술 냄새 …………………… 72

어떤 시아버지 이야기 …………………… 76

지상에서 사리불이 한 마지막 일 …………………… 80

늙은 어머니의 눈물 …………………… 84

가족을 불러 모으는 네 가지 방법 …………………… 88

노총각의 사랑찾기 …………………… 93

부처님의 자녀교육법 …………………… 97

부모 마음 …………………… 101

끝만 좋으면 다 좋다구요? …………………… 105

성공을 돕는 붓다의 처세술

식당 아줌마의 성공비결 ⋯⋯⋯ 112

대박을 터뜨리세요, 부처님! ⋯⋯⋯ 116

성공을 가로막는 열 가지 장애물 ⋯⋯⋯ 120

부처님이 들려주는 처세술 ⋯⋯⋯ 124

사람을 다스리는 또 하나의 기술 ⋯⋯⋯ 132

타인의 잘못을 지적하는 방법 ⋯⋯⋯ 136

천사를 만나셨습니까? ⋯⋯⋯ 141

불자가 무슨 술이냐구요? ⋯⋯⋯ 145

'운명'을 믿습니까 ⋯⋯⋯ 149

진리의 바다에서 삶을 충전하다

세상의 독기를 마신 부처님 ⋯⋯⋯ 156

똥치기 부처님 ⋯⋯⋯ 160

덧없다, 참 덧없다 1 ································· 164

덧없다, 참 덧없다 2 ································· 169

어쩔 수 없는 범부의 속성 ····················· 174

우란분절에 '재'를 올리는 뜻 ················ 178

최초의 사판승 아난, 조건을 내걸다 ······· 182

나를 위해 법을 설하신다는 즐거운 착각 ······· 186

안거, 그 뒤에는… ································· 190

놓친 기차는 아름답지 않다 1 ················ 194

놓친 기차는 아름답지 않다 2 ················ 198

지팡이의 노래 ···································· 203

원숙한 노년, 저돌적인 청년 ················· 207

장님이 코끼리 만지기 ························· 211

노보살님의 새로운 출발 ······················ 215

가을 연꽃처럼 자기를 접을 때 ·············· 218

무엇을 깨달을까 ································· 224

그 할머니, 사람 잡네! ························· 228

행복은
어디에서 오는가

내가 먼저 행복해져야만,

그리고 그 행복이 얼마나 좋은 것인지를 알아야지만

다른 이의 행복도 빌어줄 수 있다고 생각합니다.

행복은 넘쳐흐르는 것이어야 합니다.

내게 찾아온 행운

베살리 도시에 암라팔리라는 여인이 살고 있었습니다. 이 여인의 신분에 대해서는 학자들마다 의견이 좀 분분합니다만 자신의 미모를 팔아서 큰 돈을 번 여인이라는 점에 대부분 공감하고 있습니다. 이 여인이 어느 날 자신의 소유인 암라팔리 동산에 부처님이 5백 명의 비구들과 함께 머물고 계시다는 소식을 들었습니다. 그녀는 아름답게 차려입고 수레를 타고서 부처님을 뵈러 동산으로 갔습니다.

그리고 여러 가지 좋은 가르침을 받은 뒤에 다음 날 자신의 집으로 부처님과 5백 명의 비구승을 초청하였습니다. 부처님께서 침묵으로 초대를 받아들이자 그녀는 기쁨에 들떠 집으로 향하였습니다.

도중에 그녀는 그 도시의 이름 있는 집안의 청년들 5백 명과 마주치게 되었습니다. 그들도 역시 부처님께서 오셨다는 소식을 듣고 자신의 집으로 초청하려고 동산으로 가던 중이었습니다.

그 청년들은 부처님 계신 동산 쪽에서 여자가 급히 수레를 몰고 나오는 것을 보자 좀 언짢아졌습니다. 그녀가 암라팔리인 것을 알아채고서 위엄 있게 짐짓 물었습니다.

"그대는 여자라면 수줍게 지내야 할 것인데 어찌 거칠게 수레를 몰며 성 안으로 달려가는가?"

암라팔리가 대답했습니다.

"나는 내일 부처님과 비구스님들을 초청하였습니다. 그래서 공양 준비를 하려고 서둘러 성안으로 돌아가고 있는 중입니다."

청년들은 안색이 바뀌었습니다. 무슨 일이 있어도 자기들 도시에 온 부처님을 가장 먼저 초대할 영광을 차지하고 싶었기 때문입니다. 그들은 암라팔리에게 말했습니다.

"순금 천 냥을 주겠다. 내일의 공양을 우리에게 양보해라."

"싫습니다. 그렇게는 못하겠습니다."

청년들은 돈의 액수를 점점 올렸습니다. 급기야 백천냥의 금화를 주겠다고까지 약속을 하기에 이르렀습니다. 그러나 암라팔리는 완강하였습니다. 그녀는 대답했습니다.

"나는 받아들일 수 없습니다. 세존께서는 언제나 '세상 사람은 두 가지 희망을 버리지 못한다. 그 두 가지란 재물에 대

15

한 희망과 목숨에 대한 희망이다' 라고 말씀하셨습니다. 누가 나의 목숨을 내일까지 보장하겠습니까? 누가 나의 재산이 영원하리라고 약속해주겠습니까? 만약 당신들 중에 그것을 보장할 사람이 있다면 내일의 초청을 양보하겠습니다."

500명이나 되는 청년들 가운데 아무도 나서는 이가 없었습니다. 내일 일을 어찌 보장하겠습니까?

암라팔리는 청년들에게 그 한마디를 던진 뒤에 공양 준비를 하기 위해 서둘러 돌아갔습니다.

– 『증일아함경』「권청품」

❋

우리는 일생을 살면서 참으로 다양한 기회를 만납니다. 그리고 그 기회는 인생의 굽이굽이를 돌 때마다 훈장도 주고 상처도 주면서 우리를 키워갑니다. 안타까운 것은 어떤 기회가 닥쳤을 때 그것이 얼마나 소중한지조차 모른 채 그냥 흘려버리는 일이 종종 있다는 것입니다.

불교신자라면 적어도 자신에게 돌아오는 행운을 다른 이에게 양보할 줄 알아야 한다고들 말합니다. 하지만 절대로 양보해서는 안 될 것이 있으니 그것은 바로 부처님을 만나는 일이고 법을 듣는 일일 것입니다. 선업을 쌓고 복을 지어서 돌아오는 과보라면 함께 나누고 양보해야겠지요. 하지만 내 어리석음의 눈꺼풀을 들어 올리는 기회만큼은 양보해서는 안 되는 것입니다.

부처님 말씀을 읽고 오래도록 가슴을 울리는 그 감동들을 많은 이들과 나누는 일을 하게 된 저는 참으로 대단한 행운아라고 할 것입니다. 글을 써야 한다는 사명감으로 예전에 흘려보냈던 부처님 말씀을 곱씹을 수 있게 되었으니까요.

대장경의 바다에는 지금 황금 비늘 반짝이는 싱싱한 부처님 말씀이 힘차게 노닐고 있습니다. 저는 힘껏 낚아 올려 여러분의 품에 안겨드리고 싶습니다.

세속의 행복은 죄가 아니다

"어떤 사람이 열심히 일해서 돈을 벌었습니다. 그런데 또다른 어떤 사람이 자기는 열심히 일할 생각도 하지 않고 그돈만 노리고 있다가 훔쳤습니다. 자, 악업을 지은 사람은 누구일까요? 전자일까요, 후자일까요?"

경전강의 시간에 이렇게 질문을 하였습니다.

대답은 당연히 후자입니다. 나는 질문 같지도 않은 질문을 던진 것이 좀 미안하였습니다. 그런데 쉽게 대답이 나오지 않았습니다. 수강생들의 얼굴을 살펴보았는데 참 이상하게도 사람들이 머쓱해하고 있는 것이었습니다.

"여러분, 누가 악업을 지은 사람일까요?"

나는 다시 한 번 질문을 하였습니다. 그러자 의외로 참 많은 사람들이 이렇게 답하였습니다.

"돈을 번 사람이 죄인입니다. 남에게 훔치려는 마음을 일으키게 하였으니까요."

난 내 귀를 의심하였습니다.

"진짜요? 진짜로 돈을 열심히 번 사람이 죄인입니까?"

"네."

사람들의 얼굴 표정은 그제야 밝아졌습니다. 죄인임을 인정하고 나니 그 죄에서 벗어난 홀가분한 기색이 역력하였습니다.

불자들은 '돈을 번다는 것', '내가 행복하다는 것'에 대해서 굉장히 타인에게 미안해합니다. 돈을 많이 벌었어도 그런 사실을 대놓고 말하기를 꺼려하고, 집안이 화목한 것도 남들에게 몹시 미안해합니다. 아마 '집착을 버려라', '욕심을 버려라'라는 마음 다스리기의 법문들을 많이 들었기 때문일 것이요, 너무 행복해하면 꼭 그것을 시기 질투하는 어떤 잡귀가 있기에 삼가려는 마음에서일 것입니다.

사실 경전을 보아도 부처님은 온통 재물에 대해서 부정적인 법문만 늘어놓습니다. 한순간에 사라진다느니, 그건 화를 불러오는 재앙이라느니, 영원하지 않다느니…. 그런데 이런 부정적인 말씀들은 대체로 출가 수행자에게 하신 법문이고, 또 정당하지 않은 수단으로 재물을 긁어모은 이들에게 하신 법문이라는 사실을 사람들은 모르고 있습니다.

『잡아함경』에서 부처님은 재물에 대해서 분명하게 이런 말씀을 하고 계십니다.

"정당하게 돈이나 재물을 구하고 그것을 보시해서 복을 구하라. 남에게도 베풀고 자기도 누리며 또 그것으로 복덕을 지어라."

경전을 아무리 뒤져보아도 부처님이 돈 벌지 말라는 말씀을 하신 곳은 찾아볼 수가 없습니다. 열심히 정당하게 돈을 벌어서 그것으로 좋은 일 많이 하라고 일러주십니다. 앞서 언급한 수강생들의 대답대로라면 부처님은 우리에게 죄를 지으라고 권하는 것밖에 되지 않습니다.

부처님께서는 재물에 대해 맑고 서늘한 연못의 물과도 같다고 말씀하셨습니다. 자꾸 퍼 올리고 써야지 물이 마르지 않듯이 재물이라는 것도 부지런히 벌어서 자기도 열심히 쓰고 남을 가엾이 여겨서 자꾸만 베풀라고 말씀하십니다.

"넓은 들판에 맑고 서늘한 연못이 있어도 그것을 즐겨 퍼 올리는 이 없으면 이내 고스란히 말라버리고 만다. 이처럼 훌륭하고 값진 재물도 나쁜 사람이 지니게 되면 자기도 쓰지 못하거니와 남을 가엾이 여겨 베풀지도 못하여 부질없이 스스로 괴롭게 모으기만 하고 그렇게 모았다가는 저절로 잃고 만다."

게다가 열심히 번 돈으로 그 누구보다 먼저 자기 자신이 행복을 누리라는 당부의 말씀도 하고 계신다는 사실, 여러분은 알고 계셨습니까?

"많은 재물을 얻으면 자신도 쓰면서 즐기고, 부모를 봉양하고 처자와 친척들을 돌보고 자기가 부리는 사람들도 도와주고 벗에게 보시하며 수행자들에게 공양한다면 그는 틀림없이 천상에 태어날 것이다. 몇 배나 큰 이익을 거두는 것이다."

"지혜로운 사람은 많은 재물을 얻으면 자신도 즐기며 잘 쓸 줄을 알고, 널리 보시해서 공덕도 지으며 친척과 자기를 따르는 사람들에게도 베푼다."

내가 먼저 행복해져야만, 그리고 그 행복이 얼마나 좋은 것인지를 알아야지만 다른 이의 행복도 빌어줄 수 있다고 생각합니다. 행복은 넘쳐흐르는 것이어야 합니다. 내가 행복한 것이 미안하고 죄스러워서 남에게 베푼다구요? 그래서 남이 행복해지면 그것 역시 죄가 아닙니까?

남의 것을 빼앗아서 얻은 즐거움, 여색에 빠지거나 그릇된 대상에 탐닉하는 즐거움은 부처님이 권한 행복이 아니라는 것만 명심하면 될 것입니다. 열심히 일해서 돈을 벌어 내 가족이 행복하게 잘 사는 일– 이것은 결코 죄도 욕심도 아니라는 것은 분명해졌습니다. 『아함경』에서 그렇게 말씀하고 계시니까요.

착한 일 하고도 화를 낸 남자

동서고금을 막론하고 화내는 것에 대해서 관대한 종교는 없을 것입니다. 자기 팔다리가 다 베여도 화를 내지 않는 인욕 선인의 교훈이라든지, 오른쪽 뺨을 맞으면 왼쪽 뺨까지 내주라는 성경의 가르침이 그렇습니다.

하지만 말이 쉽지 사람들과 부대끼며 살다보면 부처님이 아니고서야 불뚝 불뚝 치솟는 분노를 참기란 여간 어렵지 않습니다. 게다가 '화를 내는 일은 옳지 않다' 고 알고 있으면서도 치솟는 화를 억제하지 못하는 자기 자신을 보고 있는 일만큼 참기 힘든 것도 없을 것입니다.

✽

이제 막 믿음을 일으킨 한 남자가 모처럼 부처님과 승단의 스님들을 모두 초청하여 아주 맛난 음식을 대접하기로 마음먹었습니다. 남자는 자기 집에 부처님과 천 명이 넘는 스님들이 몰려오자 말할 수 없는 자부심에 가슴이 부풀어 올랐습니다. 그는 손수 스님들의 발우에 음식을 담기 시작하였습니다.

그런데 스님들은 그날 아침에 하필이면 미리 죽을 먹어서 속이 든든하였습니다. 이미 배가 불러 있던 스님들은 "조금만 주시오" "조금만 주시오"라며 자꾸만 사양하였습니다.

그러자 남자는 좀 서운해졌습니다.

"스님, 믿음을 일으킨 지 얼마 되지 않은 사람의 공양이라서 조금만 받겠다고 하시는 겁니까? 음식은 얼마든지 있습니다. 조금도 사양하지 마시고 맘껏 드십시오."

스님들이 대답했습니다.

"그게 아닙니다. 우리는 아침 일찍 죽을 배불리 먹고 왔습니다. 그래서 조금만 받겠다는 것입니다."

이 말을 들은 남자는 은근히 부아가 치밀었습니다.

'대체 이 스님들은 나의 공양초청을 받았으면서도 오늘 아침에 죽을 먹었단 말인가? 그렇다면 내가 애초에 계획했던 커다란 보시는 할 수 없는 것 아닌가!'

남자는 불쾌해지고 화가 났습니다.

그래서 스님들에게 모욕을 주려고 발우에 넘치도록 음식을 채우면서 이렇게 말하였습니다.

"다 드시든지 가져가서 드시든지 마음 대로 하십시오."

자기는 온갖 정성을 들여서 귀한 음식들을 준비하느라 고생했는데 스님들은 '얻어먹는 주제에' 고맙게 받아서 먹지 않고 이미 배부르다고 사양하는 것이 아니꼬왔던 것입니다.

우여곡절 끝에 공양을 마치고 부처님과 스님들이 떠나자 집에 홀로 남은 남자는 곰곰 생각에 잠겼습니다. 아무리 생각해도 자기가 오늘 한 짓이 잘한 일 같지가 않았습니다. 돈과 정성을 쏟아 붓고도 화를 내고 심술을 부렸으니 이익은커녕 해를 자초한 것이라는 생각이 들었습니다.

그는 불현듯 불안해지기 시작했습니다. 서둘러 부처님 계신 곳으로 달려가서 자초지종을 말씀드렸습니다.

"아, 부처님. 저는 부처님께서 떠나신 뒤에 양심의 가책을 느꼈습니다. 후회합니다. 저는 오늘 참 많은 일을 하였지만 그렇게 화를 내고 불쾌해하며 심술을 부리고 스님들을 모욕하였으니 복을 지은 것이 아니라 죄를 지은 것이 틀림없습니다. 제가 오늘 한 일은 복된 일일까요, 복되지 않은 일일까요?"

부처님은 과연 뭐라고 말씀하셨을까요? 꾸짖으셨을까요? 하지만 부처님은 이렇게 말씀하셨습니다.

"그대가 오늘 승단을 초청하던 그 순간부터 그대는 많은 복을 쌓았소. 또한 비구 한 사람 한 사람에게 음식을 주었던 그 순간에 이미 그대는 많은 복을 쌓았소. 보시를 크게 하였으니 큰 복을 받을 것이오."

이 말을 들은 남자는 뛸 듯이 기뻐하면서 부처님께 절을 올리고 떠나갔습니다. 그 남자가 떠나간 뒤에 부처님은 스님들을 불러서 조용히 꾸짖으신 뒤에 재가자의 초청을 받은 날은 다른 사람이 제공한 음식을 미리 먹어서는 안 된다는 율을 제정하셨습니다. —『마하박가』

❋

기껏 고생하며 좋은 일 해놓고는 제 성질을 이기지 못하여 버럭 화를 내는 바람에 오히려 원성을 사는 사람이 있습니다. 화를 내는 것이 옳지 않음은 삼척동자도 다 아는 사실입니다. 하지만 화를 내고 후회하는 남자에게 부처님이 그것을 문제 삼아 질책하지 않고 "좋은 일 했다"며 그의 선행과 장점만을 인정하고 격려해준 것이 의외였습니다.

그럼, 걸핏하면 화를 내는 사람은 어떻게 수행해야 할까요?

"길 잃은 사람이 서둘러 길을 바꿔야 하듯이 분노를 일으킨 사람은 뉘우치는 것이 가장 중요하다. 속으로 부끄럽게 여겨 스스로 후회하고, 분노에 사로잡혔던 일을 부끄럽게 여겨야 한다"라는 『출요경』의 말씀은 화를 다스리는 아주 좋은 방법입니다.

바로 지금 행복해지기

어느 해 봄날 모처럼 큰맘을 먹었습니다. 베란다에서 꽃을 한번 키워보기로 말입니다. 처음에는 거푸 실패하였습니다. 아침저녁으로 물을 줘야 하는 꽃이 있는가 하면 여름 내내 거의 물을 주지 않아도 되는 꽃이 있고, 직사광선 아래에서 화려한 꽃을 피우는 녀석이 있기도 하고 그늘에 두어야 향기로운 꽃을 피우는 녀석도 있었기 때문입니다.

몇 번의 실패 끝에 마침내 하나도 죽이지 않고 꽃을 피울 수 있게 되었습니다. 5백 원, 1천 원짜리의 비싸지 않은 꽃을 날마다 사들여서 베란다에 가득 채워 넣고 여름 내내 화분을 돌보며 시간을 보냈습니다.

그런데 서늘한 가을바람이 불어올 무렵 정작 여름 내내 피어난 꽃을 제대로 보지 못했음을 문득 깨닫게 되었습니다.

화분 하나에 막 꽃봉오리가 맺히면 빨리 꽃피우기를 기다리며 조바심을 쳤습니다. 그러다가 그 봉오리가 화려하게 만개하면 어느 사이 나는 그 옆의 화분을 바라보며 생각하였습니다.

'이 녀석은 언제나 꽃을 피우려나?'

그 화분이 꽃을 피우기가 무섭게 내 시선은 또 다른 화분으로 옮겨졌습니다.

'아니, 다른 꽃들은 다 피었는데 이 화분은 뭐가 잘못되었나?'

예쁜 꽃을 보고 싶다던 나의 바람은 일찌감치 이루어졌습니다. 그런데 꽃 한 송이가 피는 순간 그 꽃의 자태를 감상하지 못하고 서둘러 그 옆의 꽃가지를 바라보며 '이 꽃은 언제 필까?'라고 조바심을 내기만 하였으니 결국 나는 내 소망이 이루어졌는데도 여름이 다 가도록 만족스럽지 못하였던 것입니다.

99마리의 소를 가지고 있는 부자가 가난한 사람이 소유한 단 한 마리의 소를 보면서 1백 마리를 채우지 못한 자신의 부족함을 한탄한다고 하지요? 그리하여 기필코 그것을 빼앗아서 1백 마리를 채워야 성이 찹니다. 하지만 1백 마리를 채우는 순간 150마리, 2백 마리…하는 식으로 욕구는 점점 커져갑니다. 결국 그 부자는 죽을 때까지 원하는 것을 채우지 못하였으므로 자신의 삶은 불행하다고 느끼며 일생을 살아갑니다. 여름 내내 베란다에서 꽃을 기다리던 내가 그와 다르지 않았습니다.

우리가 그토록 바라마지 않는 행복은 대체 어디에 숨어 있는 것일까요?

따지고 보면 '얼마를 벌어야 행복할 것이다'라며 기대치를 안고 있는 사람보다 지금 이 순간 '이제 됐다. 이것으로 족하다'라며 생각을 내리는 사람이 지금 행복한 사람이 아닐까 합니다. 하지만 말은 쉽지만 행동으로 옮기기가 여간 어렵지 않습니다. 집안을 가득 채우고 있는 살림살이는 대대로 물려서 사용해도 못다 쓸 판인데 새록새록 쏟아지는 신제품들은 여지없이 나를 유혹합니다. 하다못해 술자리에서도 "됐습니다. 딱 한 잔으로 족합니다"라며 정중하게 거절하기가 쉽지 않습니다.

소욕지족(少欲知足)

'욕심을 줄이고 만족할 줄 알아라.'

이 말은 동서고금을 막론하고 모든 성현들이 세상 사람들에게 안겨주는 교훈입니다. 지금 자기가 가지고 있는 것에서 더 욕심내지 말라는 뜻이지요.

그렇다면 욕심을 줄여야 할 이유는 무엇일까요?

욕심을 줄이지 않고 만족할 줄 모르면 우리는 죽을 때까지 행복하지 못하고 괴롭기 때문입니다. "만족할 줄 아는 사람은 땅 위에 누워 지내도 편안하고 즐겁지만 만족할 줄 모르는 사람은 천당에 살아도 성에 차지 못하고, 만족할 줄 모르는 사람은 부유해도 가난하지만, 만족할 줄 아는 사람은 가난해도 부유하기 때문입니다."-『유교경』

천당에 살아도 성에 차지 않는다면 결국 행복의 여부는 바깥 대상에 있는 것이 아니라 내 자신의 마음먹기에 달려 있다는 말이 됩니다.

"욕심 많은 사람은 이익을 구하는 일이 많기에 괴로움 또한 많고, 욕심이 적은 사람은 바라는 것이 없기에 이런 재앙이 없다. 그러므로 괴롭지 않으려거든 먼저 욕심이 적은 사람이 되도록 수양해야 한다. 욕심이 적은 것은 온갖 공덕을 낳고, 남의 비위를 맞추느라 아첨하지 않아도 되고 감각기관에 끌려 다니지 않는다. 그러므로 욕심이 적은 사람은 마음이 언제나 평탄하여 근심과 공포가 없으며 무슨 일을 하건 여유가 있게 마련이다. 욕심이 적은 사람에게만 열반은 약속되어 있다."-『유교경』

행복을 싫어하는 사람은 없습니다. 다만 앞으로 행복해질 것이라는 희망보다 더 분명하게 행복해질 수 있는 방법은 바로 지금 '이제 됐다. 이것으로 족하다'라고 마음먹는 일이라고 『유교경』은 가르쳐 주고 있습니다.

돈 없이도 할 수 있는 7가지 보시

그리 넉넉하지 않은 형편에서도 평생 모은 돈을 쾌척하는 이들의 소식이 신문에 끊이지 않고 실립니다. 그런 것을 보면 아직 우리 사회는 살맛이 납니다. 그렇지만 여전히 고생해서 번 재산을 나와 일면식도 없는 이들을 위해 선뜻 내놓기에는 망설여지는 바가 없지 않습니다.

'내가 얼마나 고생하며 번 돈인데…말이 나눔이지, 생면부지의 남들에게 어떻게 아무렇지도 않게 떼어줄 수 있을까….'

하지만 그래도 이왕 사람으로 태어났으면 뭔가 좀 가치 있는 일도 해봐야 하지 않겠습니까?

내 것 남 주기 아깝다고 움켜쥐기는 하지만 마음 한 구석에는 '이렇게 인색하게 살면 안 되는데…' 하는 두려움이 일기도 합니다.

참으로 다행인 것이 경전에서는 그 아까운 돈을 들이지 않고도 복 짓는 길을 소개하고 있습니다.

✺

　"일곱 가지 나눔이 있으니, 그것은 재물이 줄어들지 않으면서도 큰 복을 얻게 해준다.

　첫째는 눈을 나누는 일이다. 언제나 좋은 눈으로 부모와 스승과 수행자들을 바라보고 대하는 것이다. 그리하면 그는 나중에 티 없이 깨끗한 눈을 얻고, 미래에 부처가 되어서는 하늘눈[天眼]이나 부처눈[佛眼]을 얻을 것이니, 이것을 첫째 과보라 한다.

　둘째는 온화한 얼굴과 즐거운 낯빛을 나누는 일이다. 부모와 스승과 수행자에게 찌푸린 얼굴로 대하지 않는 것이다.

　그리하면 그는 나중에 단정한 얼굴을 얻고, 미래에 부처가 되어서는 순금색의 몸이 된다. 이것을 둘째 과보라 한다.

　셋째는 말씨를 나누는 일이다. 부모와 스승과 수행자에게 부드러운 말을 쓰고 거칠고 험한 말을 쓰지 않는 것이다. 그리하면 나중에 매끄럽고 거침없는 말을 하게 되는 솜씨를 얻고, 그가 하는 말은 남이 믿고 받아 주며, 미래에 부처가 되어서는 네 가지 말솜씨를 얻는다. 이것을 셋째 과보라 한다.

　넷째는 몸을 나누는 일이다. 부모와 스승과 수행자를 보면 일어나 맞이하여 예배하는 것이다. 이것을 몸을 나누는 일이라 하는데, 그리하면 나중에 반듯하고 크고 다른 이가 우러러

보는 몸을 얻고, 미래에 부처가 되어서는 몸이 니구타(尼拘陀) 나무와 같아서 아무도 그 정수리를 보지 못하게 될 것이다. 이것을 넷째 과보라 한다.

다섯째는 마음을 나누는 일이다. 앞에서 말한 일들로 부모 와 스승과 수행자들에게 봉사했다 해도 마음이 온화하고 착 하지 못하면 나눔이라고 할 수 없다. 착하고 온화한 마음으로 정성껏 나누는 것이 마음을 나누는 일이다. 그리하면 그는 나 중에 밝고 분명한 마음을 얻어 어리석지 않고, 미래에 부처가 되어서 일체를 낱낱이 아는 지혜를 얻을 것이니, 이것을 다섯 째 과보라 한다.

여섯째는 자리를 나누는 일이다. 부모나 스승, 수행자들을 보면 자리를 펴 앉게 하고, 나아가서는 자기가 앉아 있던 자 리마저도 내어서 앉도록 권하는 일이다. 그리하면 그는 나중 에 항상 일곱 가지 보배로 된 존귀한 자리를 얻을 것이요, 미 래에 부처가 되어서는 사자법좌(師子法座)를 얻을 것이다. 이 것을 여섯째 과보라 한다.

일곱째는 방이나 집을 나누는 일이다. 부모와 스승, 수행자 들을 자신의 집으로 맞아들여서 마음 놓고 집안을 돌아다니 고 서거나 앉고 눕게 하는 일이다. 이것을 방이나 집을 나누 는 것이라 한다. 그리하면 그는 나중에 저절로 궁전이나 집을

얻을 것이요, 미래에 부처가 되어서도 온갖 선실(禪室)을 얻을
것이니, 이것을 일곱째 과보라 한다. 이 일곱 가지 나눔은 재
물이 줄어들지 않으면서도 큰 복을 가져다주는 것이다."

- 『잡보장경』

　　무재칠시(無財七施)라고 하는, '재물 없이 행하는 일곱 가지
보시'입니다. '보시'라는 말을 요즘 많이 사용하고 있는 '나
눔'이라는 말로 살짝 바꾸어 보았습니다. 복 짓는 일이 영 어
색하고 괜히 나만 손해 보는 짓인 것처럼 느껴지는 사람은 이
일곱 가지 일부터 일단 시작해보면 어떨까 합니다.

좋은 이름을 찾아 길 떠난 소년 이야기

한 스승 아래에서 수많은 제자들이 공부를 하고 있었습니다. 그런데 그 중에 '나쁜 사람'이라는 이름을 가진 소년이 있었습니다. 사람들은 그에게 항상 "나쁜 사람아, 어서 오너라. 나쁜 사람아, 거기 서거라"라고 말하였습니다. 이 말을 들을 때마다 소년은 자기 이름이 불길하게 여겨져 견딜 수가 없었습니다. 그는 고민 끝에 스승을 찾아갔습니다.

"스승님, 이름을 바꿔 주십시오. 제 인생을 활짝 꽃피울 좋은 이름 하나만 주십시오."

그러자 스승은 말하였습니다.

"좋다. 대신 네가 이름을 찾아오너라. 이 나라를 다 돌아다니면서 마음에 꼭 드는 좋은 이름을 알아 보거라. 네가 정말 좋은 이름을 찾아오면 앞으로는 그 이름으로 너를 불러주겠다."

잠시도 지체하지 않고 소년은 스승에게 인사를 하고 길을 나섰습니다. 그는 좋은 이름을 찾아 세상을 두루 돌아다니다 어느 도시에 도착하였습니다. 마침 그 도시의 큰거리에서는 수많은 사람들이 시신을 묘지로 운반하는 중이었습니다. 사람들은 가슴을 치고 눈물을 흘리고 통곡하면서 슬픔에 잠겨 묘지로 향하였습니다. 소년은 그들에게 다가가서 물었습니다.

"이 죽은 사람의 이름은 무엇이었습니까?"

"이 분의 이름은 '수명 있는 사람'이었습니다."

"수명이 있는 사람도 죽습니까?"

"당신은 정말 무지한 사람이군요. 수명이 있는 사람이나 수명이 없는 사람이나 누구나 다 죽습니다. 이름이란 하나의 부호에 불과한 것이니까요."

소년이 그곳을 떠나 성 안으로 들어왔습니다. 그런데 여종이 주인에게 매를 맞고 있는 광경을 보게 되었습니다. 소년은 사람들에게 물었습니다.

"저 여자는 왜 매를 맞고 있습니까?"

"빚을 갚지 못하였기 때문입니다."

"저 여자 이름이 무엇입니까?"

"'보물지기'입니다."

"이름이 보물지기인데 어찌하여 빚을 갚지 못한단 말입니까?"

"보물지기이건 보물지기가 아니건 가난한 사람은 있습니다. 이름이란 하나의 부호에 불과합니다. 당신은 정말 무식하군요."

소년은 다시 길을 걸었습니다. 죽지도 않고 가난해지지도 않을 이름을 찾아서 정처없이 걷고 또 걸었습니다. 그러다 어느 날 길을 잃고 헤매는 사람을 만났습니다. 그에게 물었습니다.

"당신은 길을 잃고 헤매고 있군요. 당신의 이름은 무엇입니까?"

"내 이름은 '길눈이 밝은 이' 입니다."

"길눈 밝은 사람도 길을 잃습니까?"

그러자 그는 버럭 화를 내었습니다.

"이름이 무슨 상관이요? 누구나 길을 잃을 수도 있소. 당신처럼 무식한 사람은 정말 처음 보았소."

결국 소년은 완전한 행복을 가져다주는 이름을 찾지 못하고 말았습니다. 소년은 아무런 이름도 찾지 못한 채 맨손으로 스승에게 돌아올 수밖에 없었습니다.

힘이 빠져 돌아온 소년에게 스승이 물었습니다.

"그래, 네 마음에 쏙 드는 이름을 찾아 왔느냐?"

소년은 말하였습니다.

"스승님, 목숨 있는 이도 목숨 없는 이도 죽습니다. 보물지기도 보물지기 아닌 이도 가난할 수 있습니다. 길눈 밝은 이도 길눈 밝지 않은 이도 길을 잃을 수 있습니다. 이름이란 하나의 부호에 불과한 것입니다. 이름을 따라 행운이 오는 것은 아닙니다. 그가 어떤 일을 하느냐에 따라 행운이 오는 것입니다. 저는 이름을 바꾸지 않아도 좋습니다."

- 『본생경』

❊

대체 행운은 어디에 있는 것일까요?

내가 타고난 사주팔자에 내 행운이 숨어있는 걸까요, 아니면 내 이름에 숨어 있는 것일까요? 액난을 물리치고 행운을 불러온다며 부적을 지갑 깊숙한 곳에 넣고 다니는 사람도 있고, 네잎클로버와 같은 행운을 상징하는 소품들을 가방에 매달고 다니기도 합니다.

반드시 길일에 행사를 치러야 한다며 만사 제쳐두고 그 날을 고집하는 사람도 많습니다. 아이가 태어나면 부모의 소망을 담은 이름을 짓기보다는 유명한 작명가에게 찾아가 아이의 이름을 지어옵니다.

행복하기를 바라는 마음이야 인지상정인지라 결코 탓할 수는 없습니다만 과연 그게 행운을 불러 올까 하는 것에는 회의가 짙습니다. 애당초 정해진 운명이란 없는 것일지도 모릅니다. 왜냐하면 내가 지금 어떤 일을 하느냐에 따라 나의 미래가 결정되기 때문입니다.

액난을 멀리하고 행복을 부르려면 행복해지는 일을 지금 해야 할 것입니다. 부자가 되고 싶으면 부지런히 일하고 저축하고 안전한 곳에 투자를 해야 할 것입니다. 오래 살고 싶으면 운동하고 음식 조심하고 술 담배를 절제해야 할 것입니다.

성공하고 싶으면 남들 자는 시간에 머리를 싸매고 일해야 할 것입니다. 멋진 배우자를 만나고 싶으면 먼저 자기 자신이 멋지게 변화해야 할 것입니다.

행복을 부르는 가장 현실적인 일은 제쳐두고 이름이나 사주에 매달린다면 죽을 때까지 행복은 내 품에 안기지 않을 것입니다.

건강, 인생의 최고 가치?

　요즘 운동 많이 하시지요? 저녁 산책에 나서면 운동하는 이웃들을 숱하게 만납니다. 입회비를 내고 등록해서 땀을 흘리는 헬스클럽이 아니더라도 사람들은 동네 골목길이나 한 뼘 공간만 있으면 어디서든 운동을 합니다. 학교 운동장에서 달리기를 하거나 빠르게 걷거나 또는 줄넘기를 하는 등 나름대로 매우 진지하게 건강한 몸 만들기에 열심입니다.

　건강!

　동서고금 모든 사람들의 영원한 제일순위의 희망일 것입니다. 그래서 건강은 아무리 강조해도 지나치지 않는 법입니다.

　사실 세상 사람들이 주고받는 덕담은 대부분 너무 지나치지 말라는 내용을 담고 있습니다. 예를 들어 돈을 많이 버는 건 좋지만 지나친 재물은 오히려 해가 된다고 하고, 행복한 것도 좋지만 너무 행복해도 호사다마라며 경계합니다. 미남미녀를 배필로 맞이하라는 덕담도 건네지만 '얼굴 뜯어먹고 사는 것도 아닌데…' 라며 적당한 아름다움을 선호합니다. 하지만 유독 건강에 관해서만큼은 "적당히 건강하세요!"라는 인사말은 그 사람에게 오히려 실례가 됩니다.

이렇게 수많은 사람들이 인생의 최고 가치를 건강에 두고 있는데 저는 문득 이런 생각이 듭니다.

'그럼 건강해진 몸으로 무얼 하며 살건대?'

감히 말씀드리자면 참 많은 사람들이 '건강해야 해', '오래 살아야 해' 라고 주장하며 열심히 건강법을 실천하고는 있지만 건강이나 장수가 인생의 목표가 될 수 있겠느냐는 것입니다. 부처님도 건강을 강조하십니다.

"병이 없는 것이 첫째가는 이익이요, 만족할 줄 아는 것이 으뜸가는 부자다."-『출요경』

이 구절을 보면 '거봐, 부처님도 건강하라시잖아. 무조건 건강이 최고라는 건 성현께서도 강조하고 계시다니까' 라고 생각할 수도 있습니다. 하지만 부처님이 건강을 강조하시는 것은 좀 특별한 이유가 있기 때문입니다. 『40권 화엄경』을 볼까요?

"선남자야, 보살이 처음 발심하고 보리(菩提:깨달음)를 배우려면, 병이 가장 큰 장애가 되는 줄 알아야 한다. 중생들이 몸에 병이 있으면 마음이 불안한 법인데, 어떻게 바라밀다 행을 닦아 익히겠는가. 그러므로 보살이 보리를 닦으려면 먼저 몸에 있는 병을 치료해야 하는 것이다."

건강이나 무병장수는 절대로 인생의 목표가 아니라 인생의 목표를 위한 조건이라는 것을 짐작할 수 있습니다. 그리고 그 목표는 다름 아닌 스스로 깨달음을 이루고 이웃들의 마음에서 번뇌를 덜어주는 보살의 삶이라는 사실도 알 수 있습니다.

육체는 인연화합이 풀어지면 결국 무너지게 마련입니다. 그런 덧없는 몸에 '나'는 이러저러해야 한다며 집착을 가하고 화를 내는 중생들의 어리석음을 부처님은 가장 안타까워하십니다.

하지만 그 어리석음을 없애가는 일도 이 덧없는 몸뚱이를 가지고 해야 하니 우리는 건강해야만 하는 것입니다. 헤아릴 수 없이 오랜 세월 동안 켜켜로 내려앉은 어리석음을 털어 버리기 위해 무엇보다도 건강한 마음을 지녀야 하는데 그 마음이 담긴 그릇이 바로 몸이기 때문입니다. 게다가 이웃을 위해 밤낮없이 기쁜 마음으로 봉사하며 부처님의 가르침을 전하기 위해서도 무엇보다 활기 넘치는 육체는 필수입니다.

✽

어느 때 부처님께서 사슴 동산에 계실 때 나쿨라 장자가 찾아뢰고 이렇게 청하였습니다.

"부처님, 저는 지금 나이도 많고 또 병도 있어 온갖 근심과 괴로움이 가득합니다. 부처님, 제발 좋은 가르침을 내려 주셔서 중생들이 오래도록 평온하게 해주십시오."

그러자 부처님은 이렇게 말씀하셨습니다.

"그대의 말과 같이 몸에는 두려움과 고통이 많다. 믿을 만한 것이 되지 못한다. 그저 엷은 가죽으로 그 위를 덮었을 뿐이다. 장자여, 이 사실을 알아야 한다. 그 몸을 의지하는 이는 잠시 동안의 즐거움은 있을지라도 그것은 어리석은 마음으로서 지혜로운 사람이 귀히 여기는 바가 아니다. 그러므로 장자여, 비록 몸에는 병이 있더라도 마음에는 병이 없게 하라. 장자여, 이와 같이 공부해야 한다." — 『증일아함경』

✳

지금 웰빙의 열풍에 맞춰서 건강관리를 하는 것은 육체의 부서지는 시간을 조금 늦추는 일에 불과합니다. 부처님은 덧없는 몸을 무너지지 않게 만들라는 것이 아니라, 왜 덧없는 것인가 잘 살펴보아 더 이상 덧없는 몸에 휘둘리지 말고 강건한 진리의 그릇으로 다시 태어나라는 것을 가르치고 계시다는 것을 잊지 말았으면 좋겠습니다.

행복을 부르는 세 가지 마음

　지금 내 오른손에는 행복이라는 단어가 쓰여 있습니다. 내 왼손에는 불행이라는 단어가 쓰여 있습니다. 당신에게 두 손을 다 내밉니다. 어느 손을 잡겠습니까?

　두말하면 잔소리, 누구나 오른손을 잡을 것입니다. 행복을 추구하고 불행은 피해가려는 것은 이유를 따질 필요도 없습니다.

✽

　아름다운 공덕천이 어느 남자의 집 문을 두드렸습니다.

　"누구시오?"

　문 밖에서 낭랑한 음성의 공덕천이 대답하였습니다.

　"나는 공덕천입니다. 사람들의 기쁨과 행복, 삶을 상징하지요. 들어가도 괜찮겠습니까?"

　문을 연 남자는 행운을 상징하는 아름다운 천신을 두 팔을 벌려 환영하였습니다. 그때 공덕천 뒤에 숨어 있던 천신 하나가 모습을 드러냈습니다.

"저도 들어가겠습니다. 저는 흑암천입니다. 죽음과 절망, 슬픔과 고통을 상징합니다."

남자는 호통을 쳤습니다.

"어디 감히 들어오려고 하느냐? 당장 꺼져라. 너 같은 것을 내 집에 들일 수는 없다."

그러자 공덕천이 나섰습니다.

"우리 자매는 한 몸입니다. 어디든 항상 함께 다니지요."

경전에서는 남자가 공덕천마저도 쫓아냈다고 하였습니다.

— 『대반열반경』

※

하지만 사람들은 그러지 못합니다. 아름다운 공덕천에 눈이 멀어 등 뒤에 붙어 있는 흑암천을 아예 보려고도 하지 않기 때문입니다.

"행복하세요!" "좋은 일만 생기시길!"

이렇게 우리는 인사를 나눕니다만 삶이라는 것이 행복만 찾아오는 놀이터는 아님을 우리는 잘 알고 있습니다.

세상의 행복이라는 것은 이처럼 절름발이입니다. 상대적

인 것이고 유한한 것이고 내가 행복하면 필시 다른 누군가는 그만큼 불행한 것이 이 세상의 행복입니다. 그런데 정말로 완전히 즐겁고 행복한 경지가 있습니다. '극락'입니다. '이보다 더 즐겁고 행복할 수가 없는 세상'입니다. 하지만 그곳은 이 괴로운 세상에서 죽어야지만 갈 수 있는 곳입니다.

그러니 '결국은 괴로운 세상에서는 그냥 허우적거리며 살아야 하는가'라는 생각이 들어 별로 현실감이 느껴지지 않습니다. 그렇지만 극락을 설명하는 경전(관무량수경)을 자세히 읽어보면 그토록 즐겁고 행복한 경지는 이 거친 세상을 악악거리며 지나온 것에 대해 불보살님이 안겨주는 선물이 아님을 거듭 강조하고 있음을 알게 됩니다.

행복해지고 싶습니까? 일단 세 가지 마음을 품으라고 합니다.

첫째는 정성스런 마음입니다. 우리는 불친절한 서비스업 종사자를 보거나 제 일에 충실하지 못한 직장 동료를 보면 '나 같으면 저렇게 하지 않을 것이다'라고 생각합니다. 그렇다면 내가 지금 하고 있는 일이나 지금 상대하고 있는 사람에게 나는 정성을 다하고 최선을 다하고 있는가를 먼저 반성해 볼 일입니다. 행복해지고 싶으면 정성스런 마음을 잠시라도 잊어서는 안 된다고 합니다.

둘째는 믿는 마음입니다. 내가 원리원칙에 의거하여 열심히 살면 결과는 그 원칙에 어긋나지 않으리라는 믿음입니다. 그런데 결과가 나타나는 시기를 정확히 알 수 있는 사람은 아무도 없습니다. 그 사람이 어리석은지 현명한지는 여기서 판가름 납니다. 조바심이 나서 자신의 노력과 정성과 선행을 후회한다면 그토록 바라던 결과가 나타나도 그 사람은 행복해질 수 없습니다. 원칙과 법칙을 믿고, 최선을 다한 자신을 믿으십시오.

셋째는 간절하게 소망하는 마음입니다. '정말 행복해지고 싶다' 는 소망을 간절하게 품으십시오. 그리고 그 소망을 이루기 위해 지금 당장 한 가지씩 실천하는 것입니다.

이 세 가지 마음을 품으면 행복해질 수 있습니다. 마음을 품는다는 것은 결심한다는 뜻입니다. 결심은 곧 행동으로 이어집니다.

행복해지는 세 종류의 사람이 있습니다.

첫째는, 다른 사람은 내 행복을 위해 절대적으로 필요한 동반자라고 생각하는 사람입니다. 그렇다면 내 동반자가 행복하지 않고서 내 행복이 찾아올 리 없습니다. 흙길에서 꾸물거리는 벌레에게도 '너도 나처럼 살려고 애쓰는 구나' 하고 느끼고, 나와 첨예하게 이해관계에 놓여 있는 상대방의 입장을 백분 헤아려주는 것입니다.

둘째는, 자기계발을 쉬지 않는 사람입니다. 자기가 현재 하고 있는 일이 더 큰 성과를 내도록 끊임없이 궁리하고 고민하고 책을 뒤적여야 합니다. 그리고 머리맡에 세상을 밝고 반듯하게 살다간 성현의 가르침이 담긴 책 한 권을 두고 수시로 읽어가야 합니다.

셋째는, 신앙생활을 하며 일상의 모든 행동에서 항상 스스로를 돌아보고, 작은 것이라도 다른 이에게 나누어 주고 이런 일을 하면 즐거운 세상이 펼쳐진다는 믿음을 잊지 않는 사람입니다.

행복(극락)은 지금 이렇게 살아가는 사람에게 찾아온다고 경전에서는 말합니다.

시중에는 부자가 되는 방법을 자세하게 일러주는 책들이 참 많이 나와 있습니다. 하지만 정작 그 책을 통해 부자가 되는 사람은 책을 쓴 사람 말고 아무도 없습니다. 모두들 입으로만 생각으로만 부자가 되고 싶다고 하면서 정작 부자가 일러준 방법대로 꾸준히 살아보지 않기 때문입니다. 그런 것을 보면 행복은 그런 원칙들을 몸으로 살아보는 사람에게만 찾아오는 게 분명합니다. 극락(행복)이 저기 있고 도달하는 방법도 알려주었으니 부처님의 역할은 끝났습니다. 가고 안 가고는 오직 나와 당신에게 달려 있습니다.

세상에서
가장 아름다운 이름,
가족

지금 우리 시대가 어지러운 이유 중의 하나는

아버지가 자기 자리를 찾지 못하기 때문이라고 합니다.

권위도 위엄도 중요하지만 아내와 자식들에게

소박한 사랑과 인간미로 다가가는 것이

가장의 자리를 굳건히 지키는 지름길이 아닐까 합니다.

삶이 버거워 술에 취해 주정을 부려도 '우리 아버지'라며

따뜻하게 안아주고 받아주는 내 편이 있어야

술 마실 기분이 나지 않겠습니까?

외할머니와 사루비아

저에게는 외할머니가 계셨습니다.

자그맣고 바짝 마른 체구, 머리칼을 정갈하게 빗어서 비녀를 꽂고 눈부시게 새하얀 모시적삼을 입고서 언제나 화사한 꽃밭을 내려다보시던 외할머니….

그런데 외할머니는 언제나 혼자이셨습니다. 든든한 벽이 되어주어야 할 외할아버지는 젊어서부터 바깥에 정인(情人)을 따로 두셨던지 집안 출입은 한갓지기 그지 없었습니다.

초등학교 6학년 때였던가….

그해 늦여름에 외할아버지가 돌아가셨습니다. 젊어서 한창 매력이 넘칠 때에는 밖으로만 다니시다가 병든 노인이 되어서야 지어미의 곁에서 세상을 마쳤답니다.

외할머니는 장례 내내 할아버지가 살아 계실 때와 조금도 다름없이 초연하고 담담하게 조문객들을 맞으셨습니다. 좀 냉정하다 싶을 정도였습니다.

하지만 아무리 지아비라 해도 무슨 정이 남았겠습니까? 과부 아닌 과부로 자식들을 키우며 모진 세파를 홀로 헤쳐가게 만든 장본인이 누군데 애틋한 마음을 품겠습니까?

며칠이 지나 집안을 왁자하게 채웠던 가족들과 문상객들은 다들 각자의 삶으로 돌아갔습니다. 집안은 예전의 고즈넉한 침묵이 다시 돌기 시작하였습니다. 외할머니의 꽃밭만 늦여름의 따가운 태양을 받으며 꽃빛이 농익어가고 있었습니다.

그러던 어느 날, 학교에서 돌아온 저는 마침 열려 있던 대문을 살짝 밀고서 마당으로 들어섰습니다.

아, 그때 저는 보았습니다. 좁다란 나무 의자에 걸터앉아 새빨갛게 빛나는 사루비아를 바라보며 치맛자락으로 눈물을 닦아내시던 외할머니를….

차라리 후련하다며 기지개라도 쫙 펴실 줄 알았었는데 지금 저 눈물은 대체 뭐란 말입니까?

부부라는 게 뭘까? 어린 저에게 그 날 이후 가슴에 콕 박혀버린 물음이었습니다.

정말, 부부라는 게 뭘까요?

부부의 연이라는 게 뭐기에 그토록 많은 남자와 여자 중에서 꼭 한 사람만 제 눈에 들어오고 제 마음을 태우다 죽을 때까지 함께 지지고 볶는 것입니까? 피 한 방울 섞이지 않고 마음과 정으로 엮인 사이이다 보니 사랑이 큰 만큼 미워하는 힘도 참 유별난 것이 부부 사이입니다. 게다가 부부의 연이라는 것은 마음먹었다 해서 그리 되는 것도 아니요, 억지로 맺으려고 해도 그리 되지 않는 것 아닙니까?

✳

옛날 어느 나라에 너무나도 아름다운 여자아이가 있었습니다. 얼마나 고왔던지 그 나라의 왕이 이 아이가 크면 자기 아내로 삼으려 하였습니다. 하지만 도인들이 이 아이는 다른 남자와 결혼하리라 예언하였습니다. 국왕은 높은 설산 중턱에 살고 있는 백조를 불러 여자 아이를 그곳으로 데리고 가서 키우도록 하였습니다.

여자 아이는 사람들의 발길이 끊어진 백조 둥지에서 백조가 날마다 궁중에서 날라다 주는 밥을 먹으며 자라났습니다. 그러던 어느 날 호수의 상류에 물난리가 났습니다. 한 청년이 물에 휩쓸려 내려가다 천신만고 끝에 백조의 둥지 위로 오르게 되었습니다. 청년은 아름다운 소녀를 보자 첫눈에 사랑에 빠져 버렸고 소녀는 백조에게 들킬까봐 청년을 숨겨주었습니다. 두 사람의 사랑이 무르익어갔건만 백조는 이런 사실을 모른 채 날마다 밥을 물고 와서 소녀를 들여다보고는 돌아갔습니다.

그러다 문득 소녀의 몸매가 좀 이상해진 것을 알아챘습니다. 결국 청년의 정체가 드러났고 왕은 그 소녀를 아내로 삼으려던 자신의 꿈을 접을 수밖에 없었습니다

– 『구잡비유경』

❀

이렇게 예사롭지 않은 인연으로 부부의 연을 맺었건만 요즘은 어째 그리도 쉽게 헤어지려고만 하는 걸까요? 사람들은 부부의 연을 맺으면 슬픔도 괴로움도 함께 헤쳐 나가야 한다는 사실을 잊고 있는 것일까요? 사랑하고 행복할 때만 함께 살다가, 힘들고 지치면 헤어지는 것이 부부의 도리는 아닐 텐데 말입니다.

"부부가 하나의 신앙을 지녀야 한다. 같은 계율을 받고 똑같이 보시하고 똑같이 지혜를 키워가야 한다. 그러면 이 두 사람은 죽을 때까지 함께 지내고 내생에서도 서로 만날 수 있으리라." 『증지부』 경전의 말씀입니다.

그날 외할머니의 야윈 어깨 너머로 피어있던 사루비아는, 마지막 순간까지 꺼지지 말아야 할 부부의 사랑을 저에게 일러주려고 그토록 새빨갛게 빛났던 것만 같습니다.

당신은 어떤 아내입니까?
– '옥야경' 을 다시 읽는다 1

『옥야경』이라는 아주 유명한 경이 있습니다.

옥야는 매우 아름다운 여인이었고, 부유하고 지체 높은 집안의 딸이었습니다. 그녀는 급고독 장자의 집안으로 시집을 왔는데 자기가 한 남자의 아내요, 한 집안의 며느리로 입장이 바뀐 것을 받아들이지 못하였나 봅니다.

그녀는 자기의 미모와 친정집의 배경을 믿고서 매우 교만하였고 시어른에게 기본적으로 갖추어야 할 예의도 무시하였습니다. 오죽하면 시아버지인 급고독 장자가 부처님에게 와서 우리 며느리 사람 좀 만들어 달라는 청을 넣었겠습니까? 이런 사정으로 세상에 나오게 된 경이 바로 『옥야경』입니다.

부처님은 아름답지만 교만하기 짝이 없는 옥야에게 그 유명한 '일곱 종류의 아내' 를 들려주십니다.

첫째는 어머니 같은 아내입니다. 어머니가 자식 사랑하듯 남편을 아끼고 생각하며 밤낮으로 살펴주고 옆을 떠나지 않고, 정성을 다해 공양하며 때를 놓치지 않으며, 남편이 밖에서 남들에게 조금이라도 업신여김을 당할까 노심초사하지만 그 마음이 지치고 피로할 줄 모르는 아내입니다.

둘째는 누이 같은 아내입니다. 남편과는 한 나무에서 자라난 형제처럼 사이가 좋아서 오누이마냥 사랑하고 정성을 들이며 남편을 오빠처럼 좋아하고 소중하게 받드는 아내입니다.

셋째는 좋은 친구 같은 아내입니다. 남편과 매우 사랑하고 서로 의지하고 그리워하여 조금이라도 떨어져 지내지 못하며, 사적이고 비밀스런 일을 항상 서로 이야기하며, 잘못하는 것이 있으면 충고하여 행실에 실수가 없게 하며, 착한 일로 서로 가르쳐 더욱 지혜로워지게 하며, 사이좋고 속 깊은 친구처럼 서로 사랑하면서 남편이 세상을 살아가게 해주는 아내입니다.

넷째는 며느리 같은 아내입니다. 시부모님께 정성과 공경을 다하여 공양하고 겸손하고 순종하는 것처럼 남편을 그와 같이 어른 모시듯 받들어 섬기고, 집안일을 처리하고 단속할 때에는 누구보다 엄격하고 꼼꼼한 아내입니다. 그리고 아내의 예절을 세세히 닦아 조금이라도 경솔하게 행동하지 않으며 행동거지에 예의를 잃지 않고, 오직 집안의 화목을 귀하게 여기는 아내입니다.

다섯째는 하인 같은 아내입니다. 남편을 비롯한 모든 집안 식구들에게 항상 두려워하고 조심하는 생각을 품어서 감히 자만하지 않으며, 조심성 있게 일해 나가되 피하고 꺼리는 것이 없고 말이 부드럽고 성품이 온화하며 경솔한 행동을 하지 않고 정숙하고 진실하고 언제나 자신을 예(禮)로 엄하게 단속하고 다스립니다. 그러다보니 남편의 극진한 사랑이나 홀대에도 금방 얼굴빛을 바꾸지 않습니다. 하인이 상전을 섬길 때에는 항상 자신을 낮추듯이 남편을 대할 때 자신을 낮추는 그런 아내입니다.

여섯째는 원수 같은 아내입니다. 남편을 봐도 즐겁지 않고 항상 분노를 품으며, 밤낮으로 서로 떨어질 생각만 하니 부부 간의 정이 없고 상대를 배우자로 여기지 않고 자기에게 빌붙어 사는 객처럼 여깁니다. 보기만 하면 싸우고 헝클어진 머리를 하고 누워서 자식과 가사를 돌보지 않고, 혹 음탕한 짓을 하고도 부끄러운 줄 알지 못하는 그런 아내입니다.

일곱째는 목숨을 빼앗는 아내입니다. 원수 같은 아내에서 한 걸음 더 나아가 밤낮으로 어떻게 하면 헤어질까만 생각합니다. 바라보기만 하여도 분노가 치밀어 급기야 남몰래 죽이려고 온갖 방법을 가리지 않고 쓰는 아내입니다.

옥야는 부처님의 말씀을 들으면서 자신을 돌아봅니다. 그리고 자기의 미모와 친정집의 배경을 믿고 교만하였던지라 앞으로는 하인과 같은 아내로 살겠다고 다짐하는 것으로 이 경은 끝을 맺습니다.

그런데 이 경은 여자에게 굴욕적인 복종을 강조하는 경으로 여겨져서 정작 주인공인 여성 불자들에게는 외면을 당하였고 스님들이나 남성들에게 오히려 인기를 얻었습니다. 저역시도 『옥야경』이라는 제목만 들어도 '흥…' 하며 고개를 돌려버린 적이 한두 번이 아니었으니까요.

이 경을 무리 없이 받아들이던 시대는 이미 지났습니다. 게다가 여성들에게 매우 커다란 변화가 생겼습니다. 남성과 똑같이 교육을 받고 똑같이 직장을 다니며 똑같이 돈벌이를 하게 되었습니다. 전업주부인 여성은 자식의 교육을 전담하고 있으며, 맞벌이를 하는 여성은 집안 생계를 남편과 똑같이 책임지고 있습니다. 이렇게 달라진 시대에 하인 같은 아내로 살겠다는 뉘우침을 담은 『옥야경』이라니요….

그런데 경의 전후 사정을 따져가면서 읽어가자니 우리가 너무 자기 좋은 대로만 이 경을 해석하고 적용했던 것을 알게 되었습니다.

21세기의 부부관계
– 옥야경을 다시 읽는다 2

"깃발을 보면 수레에 누가 타고 있는지 알 수 있고, 남편을 보면 그 아내를 알 수 있다"는 『잡아함경』의 말씀이 있습니다. 이 가르침은 『옥야경』에서 이야기하고 있는 일곱 종류의 아내가 그저 아내에게만 강요되는 덕목일 수 없음을 암시하고 있습니다. 남편과 가족들의 영향력도 무시할 수가 없다는 말입니다.

그렇다면 일곱 종류의 아내는 일곱 종류의 부부관계라고 바꾸어 생각해도 그리 심한 억지라 할 수는 없을 것입니다.

첫 번째 부부 관계는 배우자에게 전적인 신뢰를 기울이는 사이입니다. 아내가 남편을 대할 때는 어머니가 아들을 대하는 것과 같고, 남편이 아내를 대할 때는 아버지가 딸을 대하듯 하는 것입니다.

항상 옆을 떠나지 않고 보살피고 아껴주며 자기 배우자가 집 밖에서 사람들의 업신여김을 당하지 않도록 노심초사하면서도 이런 극진한 애정에 지치지 않는 부부 사이입니다.

두 번째 부부 관계는 오누이 같은 부부입니다. 요즘 젊은이들의 '오빠동생 하자'라는 말은 곧 '서로 연인이 되자'라는 뜻이라고 하지요. 실제로 오랜 세월을 살아온 부부를 볼 때 얼굴이 닮아 있는 것을 보게 됩니다. 어찌 보면 성적인 욕망과 정신적인 신뢰가 가장 아름답게 조화되는 부부 관계가 바로 이 오누이 같은 부부가 아닐까 합니다.

세 번째 부부 관계는 오래도록 사귀어온 좋은 친구 같은 관계를 유지하는 것입니다. 상대방의 흉허물을 드러내놓고 비난하지 않으면서도 좋은 말로 지적하여 고치게 하고 바른 길을 걸어갈 수 있도록 속 깊은 친구처럼 배려하고 아껴주는 사이입니다.

"현명한 길 안내자가 객지에서의 좋은 벗이요, 정숙하고 어진 아내는 집안에서의 좋은 벗이다"라고 하거나, "어진 아내가 으뜸가는 좋은 짝이다"라는 『잡아함경』의 가르침은 세상을 살아갈 때 끝까지 마음을 터놓고 의지할 수 있는 친구는 자기 배우자임을 다시 한 번 일깨워줍니다.

그 밖의 부부 관계는 좀 특수한 경우라고 할 수 있습니다. 며느리나 하인 같은 아내의 경우는 아내에게 매우 엄격한 예

법을 적용하고 있습니다. 하지만 한편으로는 집안의 대소사를 책임지고 챙길 수 있도록 남편은 아내를 신뢰하고 전적으로 권한을 주라는 의미도 함께 담고 있습니다. 그래야만 예의범절이 깍듯하고 스스로를 엄히 단속하면서도 집안을 깔끔하게 챙기는 안주인을 얻을 수 있을 것입니다.

최근 인터넷을 검색하다가 40대 남성들의 심리적 방황을 정신분석학적으로 다룬 흥미로운 내용의 기사를 발견하였습니다.

그 기사 속에서 정신과 전문의는 "가장 바람직한 부부의 모습은 한창 연애시절엔 러브(Love) 파트너였다가 결혼 후 시간이 흐르면서 퍼밀리어(Familiar:익숙한, 친밀한) 파트너였다가 소울(Soul) 파트너로 진화해야 한다.

그러나 대부분의 부부가 사랑해 결혼했어도 퍼밀리어 파트너로 발전하지 못한다. 가족이 됐으나 남편과 아내가 직장 일이나 가사 노동 등으로 대화가 줄어들고 아이 양육문제까지 불거지면서 서로 정서적인 고립감을 갖게 된다. 이로써 정서적 이혼상태가 된다"고 말하고 있습니다.(「뉴스메이커」 682호)

사람은 달라지고 변하게 마련인데 사랑으로 맺은 남녀 관계가 처음 마음 그대로 백년해로하기란 정말 어려운 일일지도 모릅니다. 그리고 부부간에 그 관계의 빛깔이 달라지는 것이 오히려 정상이라는 것도 위의 전문가의 견해를 통해서 알수 있습니다. 이 중에 '소울 파트너'는 불교에서 자주 이야기하는 길동무, 도반의 의미와 다르지 않습니다. 단순히 인생의 희로애락을 함께 겪는 것에 그치지 않고 좀 더 가치 있는 삶을 함께 추구해가는 부부관계입니다.

암제차라는 여인이 남편과 잠시 친정에 들렀는데 마침 부처님께서 그 집에 공양하러 오셨습니다. 온 가족들이 공양을 마친 부처님의 설법을 듣기 위해 나아갔지만 암제차만 나오지 않았습니다. 그녀는 외출 중이었던 남편이 돌아오길 기다렸던 것입니다. 그리하여 부부가 늦게나마 나란히 법석에 참여하자 부처님은 이렇게 말씀하셨습니다.

"이 여인이야말로 도리를 알고 있는 사람이다."

– 『사자후요의경』

옥야의 급선무는 당장 제 자신의 마음속에서 아집과 교만을 덜어내는 일이었기에 하인 같은 아내가 되겠다고 맹세하였지만 암제차는 법을 듣는 자리에 배우자와 함께 나아갔습니다. 21세기의 옥야들은 이렇게 부부관계를 키워가야 하지 않겠습니까?

사별의 눈물을 거둔 두 사람
- 죽음 현명하게 맞이하기

가까운 분이 남편과 사별하였습니다.

오랜 세월 아들딸 낳고 복닥복닥 살아오다 이제야 숨 좀 돌리게 되었는데 남편이 홀연 병을 얻어 세상을 떠나고 만 것입니다.

아내의 가슴에는 깊고 깊은 상처가 생겼습니다. 아침에 눈을 뜨면 비어있는 옆자리가 너무 쓸쓸했고 부부가 나란히 산책하는 모습을 보면 홀로 버려진 처지가 서글프기 짝이 없었습니다. 사람들이 조금만 시선을 비스듬하게 던져도 '내가 남편이 없어 저러나' 싶은 생각에 남들 앞에 고개를 제대로 들지도 못하였습니다. 주말이면 어김없이 남편의 무덤을 찾아가서 일주일 동안 쌓였던 서러움을 맘껏 토해내었습니다.

그 날도 아내는 평소와 다름없이 무덤을 찾아가 백년해로의 약속을 저버린 무정한 남편의 차가운 비석을 끌어안고 또 다시 울음을 터뜨렸습니다.

　그런데 바로 그 때였습니다.

　"자, 아빠한테 인사해야지."

　바로 옆에서 들리는 젊은 여자의 목소리에 비석을 안고 눈물을 흘리던 그녀는 자기도 모르게 고개를 들었습니다. 이제 막 서른을 넘겼을 젊디젊은 소복 차림의 여자가 잔디밭에서 뛰어 노는 어린 아이를 부르는 모습이 눈에 들어왔습니다. 아이들은 조르르 달려와서 새하얀 비석 하나를 향해 절을 하였고 젊은 여인은 두 손을 모은 채 물끄러미 내려다보고 있는 것이었습니다.

　슬픔조차도 너무나 무거워 남편과 함께 묻어버렸는지 젊은 여인의 표정은 깊이를 알 수 없는 허무함만 가득 배어있었습니다. 그런 여인의 모습을 바라보던 그녀는 자신을 돌아보게 되었습니다.

　세상의 희로애락을 누릴 만큼 누리고, 자식들도 장성하여 제 갈 길을 잘 가주고 있는 지금, 황혼의 시간을 함께 하지 못하는 아쉬움이 짙기는 하지만 지금 저 여인만큼이야 하겠습니까?

　티격태격하더라도 함께 살아가면서 깊어지는 부부의 정을 제대로 느끼기도 전에 소복을 입어야 하는 저 젊은 여자의 처지에 비한다면 자신은 얼마나 행복한 삶을 살아온 것입니까? 저렇게 젊은 아내와 귀여운 자식 둘을 남기고 떠나야 했던 젊은 가장은 눈이나 제대로 감았겠습니까?

바로 전까지 그칠 줄 모르고 흘러내리던 눈물은 어느 사이 말라버렸습니다. 그녀는 남편의 비석에서 손을 떼었습니다. 그리고 일어섰습니다. 그 날 이후 두 번 다시 남편의 비석을 끌어안지 않았습니다. 만사 제쳐두고 주말마다 찾아가던 걸음도 차츰 그 횟수를 줄였고, 비석 앞에 서서 더 이상 서러운 눈물을 흘리지 않았습니다.

*

부처님 살아 계시던 시절 키사 고타미라는 여인이 있었습니다. 그녀에게는 눈에 넣어도 아프지 않은 외아들이 있었습니다. 남편 없이 홀로 사랑을 담뿍 담아서 아이 기르는 낙으로 세상을 살아가던 어느 날 홀연히 아이가 죽어버렸습니다. 그녀는 믿을 수가 없었습니다.

키사 고타미는 아이를 품에 안고 사방을 헤매고 다니면서 만나는 사람마다 붙잡고 하소연하였습니다.

"내 아이가 이상합니다. 아무리 불러도 대답하지 않고 나를 바라보지도 않습니다."

사람들은 아이가 죽었다고 말해주었지만 그녀는 믿으려 하지 않았습니다.

"그럴 리가 없습니다. 내 아이가 죽다니요?"

이미 썩어가기 시작한 시신을 안은 고타미는 결국 부처님 앞에까지 오게 되었습니다. 그런데 부처님은 이렇게 말씀하셨습니다.

"당신이 조금만 도와주면 그 아이를 살려줄 수 있소."

더할 수 없이 귀가 솔깃해지는 대답이었습니다.

"무엇입니까? 뭐든 다 하겠습니다."

"일단 품에서 아이를 내려놓으시오. 그리고 지금부터 동네를 다니며 죽은 사람이 나오지 않은 집만 골라서 겨자씨 한 줌을 얻어 오시오. 그것만 있으면 아이를 살릴 수 있소."

물불을 가릴 처지가 아니었던 고타미는 당장 동네를 다니며 집집마다 대문을 두드리기 시작하였습니다. 하지만 사람이 죽지 않은 집은 한 곳도 없었습니다. 죽음의 신은 어느 집이나 가리지 않고 울타리 안에 숨어서 살아 있는 사람을 데려갈 시간만 기다리고 있었습니다.

동네 모든 집을 두드리며 겨자씨를 구하던 고타미는 서서히 정신을 차리기 시작하였습니다.

'태어난 것은 모두가 죽는구나. 죽음을 피해간 이는 하나

도 없구나.'

그녀는 이미 부패하기 시작한 아이의 시신을 그토록 완강
하게 끌어안고 있던 자신의 두 팔을 내려다보았습니다.

'내가 무엇을 움켜쥐었던가? 내가 무엇을 끌어안았던가?
이 아이는 더 이상 내 아이가 아니다. 어쩌면 처음부터 내 아
이가 아니었을지도 모른다. 죽음의 신이 날갯짓을 한번 하니
그토록 다정하게 보내주던 눈길을 한순간에 거두지 않는가?
그렇다면 나는 어떨까? 나 역시도 내 아이와 다를 것이 무엇
이겠는가?'

부처님에게 돌아간 고타미는 말하였습니다.

"부처님, 저 아이를 장례 치러야겠습니다. 태어났다는 그 자
체가 이미 죽음을 향해 길을 나선 것이었습니다. 이제 눈물은
그만 흘리겠습니다. 그 대신 가까운 사람의 죽음을 보고도 자
신은 영원히 살 것처럼 그의 죽음만을 아쉬워하는 어리석은 저
를 위해, 여전히 욕심부리고 원망을 품고 미련을 떠는 저를 위
해 가르침을 베풀어주십시오. 저 처량한 장송곡이 저를 위해
올리기 전에 가장 단단한 생명을 찾아 나서고 싶습니다."

❋

'태어났으면 죽는 게 당연한 법이야' 라며 누구나 자신 있

게 말은 하지만 정작 사랑하는 사람의 죽음은 사실 그대로 받아들이지 못하는 게 바로 '사람' 입니다. 그보다 더 받아들이지 못하는 것이 '나도 죽는다' 라는 사실입니다.

죽는다는 것은 반갑지 않습니다. 반갑지 않은 손님은 맞아들이지 말아야 합니다. 이번에는 어쩔 수 없이 맞아들인다 하더라도 언제까지 원치 않는 손님을 맞아들이며 눈물을 뿌려야 할까요? 부처님의 가르침은 원치 않는 손님을 현명하게 물리치는 법을 일러주고 계십니다.

남편의 비석을 어루만지며 서러움의 눈물을 흘리던 중년의 부인, 아이가 죽었다는 사실을 받아들이지 못해 거리를 헤매고 다니던 키사 고타미. 두 사람은 이제 슬픔의 눈물 대신 희망으로 가득 찬 여행에 나섰습니다. 나도 서둘러 그 여행에 끼고 싶습니다. 당신도 나서지 않으시렵니까?

업, 전생의 죄갚음일까?

몇 달 전, 업에 관한 이야기를 나누던 중에 어떤 분이 이런 말을 하였습니다.

"제가 다니는 절의 한 여자신도가 스님에게 고민을 털어놓았습니다. 그 여자는 남편의 폭력에 시달리고 있었습니다. 견디다 못해 스님에게 어떻게 하면 좋을지를 여쭈었습니다."

그 자리에 있던 많은 사람들이 귀를 기울였습니다. 사실 이런 문제를 불교가 어떻게 해결하는지가 참 궁금하기 때문입니다. 그런데 그 분이 들려준 스님의 해결책은 너무나 충격이었습니다. 스님은 이렇게 말하였다고 합니다.

"보살님이 전생에 지은 죄를 갚는 것이니까 참으십시오."

그러니 매 맞고 사는 그 여자는 전생에 매 맞을 짓을 하였으니 이번 생에 그 매를 다 맞아야 업에서 풀려난다는 말입니다.

실제로 경전을 읽다보면 부처님이 전생에 대해 말씀하는 경우를 많이 만납니다. 예를 들면 이런 이야기가 있습니다.

68

✳

옛날에 아이를 갖지 못하는 여자가 있었습니다. 아내는 항상 남편에게 미안한 마음이 들어서 다른 여인을 둘째 아내로 들이기로 하였습니다. 그리하여 한 집안에 남편 한 사람과 두 명의 아내가 함께 살아가게 되었습니다. 그런데 막상 세 사람이 한 집에서 살아가려니 첫째 아내는 마음이 편안하지 않았습니다. '저 여자가 아이를 낳으면 나는 하녀 신세가 되고 말 거야.'

그리하여 둘째 아내의 임신을 방해하게 되었고 두 번째 임신까지는 용케 낙태를 시켰습니다. 하지만 세 번째 임신에서는 아기를 낳다가 아기와 엄마 둘 다 목숨을 잃고 말았습니다. 둘째 아내는 죽어가면서 한없는 원한을 품었고, 남편도 결국 그녀의 잔인한 행실을 알아챘습니다. 그녀는 남편에게 모진 매질을 당하여 죽고 말았습니다.

그 후 두 여인은 태어날 때마다 원수지간이 되어 서로 죽고 죽이는 일을 반복하였습니다. 죽은 첫째 부인은 암탉으로, 둘째 부인은 고양이로 태어나더니 이번에는 암탉의 알을 고양이가 모조리 먹어치웠습니다.

여봐란 듯이 복수를 한 것이지요. 곧이어 암탉은 표범으로 고양이는 사슴으로 태어났습니다. 이번에는 표범이 사슴을 잡아먹었습니다. 역시 통쾌하게 복수를 하였습니다. 이렇게 하여 두 여인은 헤아릴 수 없이 많은 생사윤회를 되풀이하면서 끝도 없이 원한과 복수를 했습니다.　　　　　－『법구경』

※

이 이야기를 보면 정말 "내가 현재 만난 불행은 그럴 수밖에 없는 이유가 전생에 있으니 피하려고도 하지 말고 감수해낼 수밖에는 없다"는 가르침을 전해주는 것 같습니다. 우리는 실제로 이런 것이 부처님 말씀이라고 생각하고 또 그렇게 들어왔습니다. 하지만 부처님이 이런 전생 이야기를 들려주신 이유는, 지금 현재 현명하게 선업을 지어서 그 끔찍한 반복을 끊으려고 힘쓰라는 가르침을 주기 위해서였지 '그러니 그냥 당하고 살라' 라는 뜻은 아니었습니다.

문제는 지금 '현재' 입니다.

지금 현재 우리는 뭔가 어떤 일을 하고 있습니다. 선한 의도건, 악한 의도건, 의도를 가지고 일을 합니다. 그게 '업'입니다. 현재 내가 하고 있는 일, 이게 업인 것입니다. 내가 전생에 무슨 죽을 죄를 지었건, 영웅의 삶을 살았건 중요한 것은 나는 '지금 현재' 살아가고 있고, 나는 어떤 업이든 '현재' 짓고 있다는 사실입니다.

앞서 매 맞는 여자의 경우, 정말 그 여자가 전생에 매 맞을 짓을 해서 피할 도리가 없다면 그 남편이 단란한 가정에서 자라나 성격상의 문제가 전혀 없어도 그 아내를 때렸다는 말이 됩니다. 그리고 다양한 상담과 심리분석을 통해 치유해도 남편은 여전히 아내를 때릴 거라는 말이 됩니다.

실제로 그렇습니까? 아닙니다. 지금 매 맞는 여자가 해야 할 일은 전생의 죄 운운할 것이 아니라 남편이 왜 이리 폭력적인지 그 이유를 빨리 찾아서 치료와 상담에 들어가는 일입니다. 남편의 어린 시절에 문제는 없었는지, 부부간의 대화법에 무슨 원인이 있지는 않는지, 하다못해 환경이나 음식이 너무 자극적이지는 않는지, 다각도로 남편의 폭력을 해결하려고 지금 당장 '업'을 일으켜야 하는 것이 매 맞는 아내가 할 일입니다.

그러기 위해서는 점점 거칠어가는 이 사회도 함께 문제 풀기에 나서야 할 것입니다.

매질을 참고 당해내는 것이 어질다고 생각하십니까? 그럼 폭력을 휘두르는 남편의 악업을 조장하는 '죄'는 또 어찌 하시렵니까? 업은 전생의 죄갚음을 말해주려는 가르침이 아닙니다. 지금 당신이 어떤 업을 짓느냐에 따라 당신의 현재와 미래가 달라진다는 것을 가르치기 위한 부처님의 명쾌한 문제해결법인 것입니다.

그리운 아버지의 술 냄새

제 아버지는 퍽도 술을 즐겼습니다.

"딱 한 잔만…."

이 말을 노상 입에 달고 사셨습니다. 젊은 시절의 아버지는 사업하느라 호기 넘치게 술을 마셨고, 늘그막의 아버지는 삶이 버거워 술에 기대었습니다.

술을 마시면 언제나 집안이 시끄러웠습니다. 완벽주의자이고 내성적인 성격의 아버지는 어쩌면 술의 힘을 빌려서라도 자신이 얼마나 힘든지를 토로하고 싶었을지도 모릅니다. 젊어서부터 평생 함께 고생하며 살아온 아내 말고는 그 모진 설움을 받아줄 사람이 없었는지 술에 취한 아버지는 어머니를 참 힘들게도 하였습니다.

그런데 아버지는 절대로 자식에게는 함부로 행동을 하지 않았습니다. 몸을 제대로 가누지 못할 정도로 취해 있어도 몇째 아이가 아직 귀가하지 않았다는 소리를 들으면 벌떡 일어나서 정류장을 향하였을 정도였습니다.

종종 밤늦어 정류장에 내렸을 때 눈은 벌겋게 충혈되었고 입에서는 소주 냄새를 폴폴 풍기면서 "이제 오냐?"라며 반갑게 다가오시던 그 모습이 지금도 기억에 생생합니다. 내 무거운 책가방을 받아서 어깨에 메고는 동요를 흥얼거리며 비틀비틀 앞장서서 집으로 향하였지요.

머리가 커진 자식이 속을 썩일 때는 어머니에게 책임을 추궁하였지 자식에게 직접 심한 꾸중을 하지는 않았습니다. 삶이 점점 버거워지자 아버지의 술은 심해갔고 그 모습을 보다 못해 자식들이 거세게 대들면 어머니는 자식들을 말리느라 더욱 노심초사하였습니다.

"그럼 못쓴다. 네 아버지다."

지금 제 기억 속의 아버지는 참 나약하고 지친 한 남자의 이미지로 남아 있습니다. 거대한 벽이나 든든한 기둥이기보다 아내와 자식에 대해 알뜰한 애정을 품고 있으면서도 맘껏 물질로 충족시켜주지 못해 전전긍긍하던 한 '남자'였습니다. 술이라는 지독하게 미운 방해꾼이 있었지만 술에 취한 아버지는 언제나 어둔 골목길을 비틀비틀 걸어 올라오며 가족을 향한 사랑의 노래를 흥얼거린 가장이었습니다. 위엄 있는 가장으로서가 아니라 저에게 인간에 대한 애정과 관심을 품게 해준 분이었습니다.

언젠가 술에 취해 가족에게 폭력을 휘두른 가장을 숨지게 한 사건이 신문에 실렸을 때 저는 아버지가 생각났습니다. 자식을 지키기 위해서 어쩔 수 없었다고 말합니다만 한 가정의 기둥인 아버지가 가장 가까운 가족의 손에 의해 숨을 거두는 일은 비극 중에서도 가장 큰 비극이라 하지 않을 수 없습니다.

이런 일들을 신문에서 접할 때마다 부랴부랴 경전들을 뒤져봅니다만 애석하게도 아버지에 관한 가르침을 찾아내기가 여간 어렵지 않습니다. 여성에게 주는 가르침은 드문드문 보입니다만 남성, 그것도 '아버지'에게 주는 가르침은 거의 없다 해도 과언이 아닙니다. 하지만 경전을 읽어가다 보니 경전 속에 담긴 부처님의 다양한 모습들이 바로 이 시대 아버지들이 본받을 만한 모델이었습니다.

성불하신 뒤에 고향을 찾은 부처님은 여전히 사랑으로 애타하는 야쇼다라를 따로 만나 그녀의 마음을 달래줍니다. 사리불과 목련 존자가 동석하였지만 야쇼다라가 맘껏 그리움을 풀도록 자신을 맡겨준 그런 '지아비'였습니다. 가장 완전한 재산을 물려주려고 자식인 라훌라를 출가시킨 뒤 사람들의 정신적인 스승으로 우뚝 서도록 때로는 냉정하게 때로는 덤덤하게 때로는 자비롭게 가르침을 베푸신 '아버지'였습니다.

부처님은 '중생의 아버지' 입니다. 법화경 속에서의 아버지 (부처님)는 불이 난 집안에서 노느라 정신 팔려 있는 자식들 때문에 문 밖에서 발을 동동 구르는 사람입니다. 꾀를 내어 자식들을 모두 끌어낸 뒤에는 너무나 고마워서 약속한 것보다 더 큰 선물을 안겨주며 더할 수 없이 행복해하는 사람입니다.

어려서 잃어버린 아들을 찾은 뒤에는 걷잡을 수 없이 끓어오르는 부정(父情)을 죽는 순간까지 억누르고 숨겨가면서 자식을 번듯한 자기 자리로 되돌려놓는 현명한 사람입니다. 나아가 그릇된 삶을 사는 자식들에게 목이 쉬도록 바른 길을 가르쳐 주지만 전혀 받아들이지 않자 자신이 죽었다고까지 하면서 자식들을 일깨우는 그런 아버지가 바로 법화경에서 그리는 아버지입니다.

지금 우리 시대가 어지러운 이유 중의 하나는 아버지가 자기 자리를 찾지 못하기 때문이라고 합니다. 권위도 위엄도 중요하지만 아내와 자식들에게 소박한 사랑과 인간미로 다가가는 것이 가장의 자리를 굳건히 지키는 지름길이 아닐까 합니다.

삶이 버거워 술에 취해 주정을 부려도 '우리 아버지'라며 따뜻하게 안아주고 받아주는 내 편이 있어야 술 마실 기분이 나지 않겠습니까?

어떤 시아버지 이야기
– 다 네 덕분이다

급고독 장자에게 딸이 하나 있었습니다. 이름은 수마제. 매우 아름답고 품행도 단정하여 사람들의 칭송이 자자하였습니다. 어느 날 급고독 장자에게 친구인 만재 장자가 찾아왔습니다. 수마제가 나와서 인사를 드리자 며느리감을 찾고 있던 만재 장자의 눈이 번쩍 뜨였습니다.

"이보게, 자네 딸을 내 며느리로 주게나."

하지만 급고독 장자는 승낙할 수 없었습니다. 왜냐하면 자기는 독실한 불자집안인데, 친구의 집안은 자이나교의 나체행자를 믿고 있었기 때문이었습니다. 이런저런 핑계를 대며 승낙을 미루던 급고독 장자는 친구가 하도 조르는 바람에 부처님께 의논을 하였습니다. 그런데 의외로 부처님은 아주 좋은 일이 있을 것이라 답하셨습니다. 부처님의 흔쾌한 허락으로 장자는 용기를 내어 딸을 시집보냈습니다.

그런데 만재 장자의 고향인 만부성에서는 성 밖의 사람들과 혼인 맺으려면 자기들이 믿는 나체행자 6천 명을 초대하여 정성껏 음식을 공양하면서 허락을 얻어야 했습니다. 만재 장자도 6천 명이나 되는 나체행자들을 집으로 초대하였습니다. 그리고 귀한 음식을 대접한 뒤에 며느리를 불러내었습니다.

수마제는 시아버지의 명을 받고 단정하게 치장하고서 나왔습니다. 하지만 나체행자들을 보는 순간 기겁을 하고 자기 방으로 돌아갔습니다.

"저는 벌거벗은 사람들에게 절을 하고 싶지 않습니다. 제가 믿고 있는 부처님과 제자들은 모두가 법다운 모습으로 공양을 받는데 저들은 부끄러운 줄도 모르는가 봅니다."

한바탕 소동이 일었습니다. 시아버지가 아무리 타이르고 권해도 수마제는 나올 생각을 하지 않았습니다. 오히려 부처님 이야기만 하는 것이었습니다. 결국 나체행자들은 크게 화를 내고 돌아갔습니다. 갓 시집온 며느리의 행실치곤 도저히 그냥 넘길 수 없는 무례였습니다. 시아버지는 그날 이후 한숨 속에서 나날을 보내었습니다. 애초에 예견하지 못한 것은 아니었으나 며느리가 너무나 완강하였기 때문입니다.

'내가 잠시 제 정신을 잃었던 게야. 며느리를 잘못 들여 집안이 망하게 생겼구나.'

그런데 마침 이때 장자의 오랜 친구가 찾아와 그의 걱정을 덜어주었습니다.

"오히려 잘 되었네. 어서 부처님을 집으로 모시고 법을 들어보게나."

친구의 권유로 결국 만재 장자는 며느리에게 말하였습니다.

"아가, 네가 믿는다는 그 부처님을 나도 한번 뵙자꾸나. 그분과 제자들을 집으로 초대하렴."

자기 때문에 시집에 그림자가 드리운 것이 가슴 아팠지만 옳은 신앙만큼은 양보할 수 없어 속앓이를 하던 며느리는 시아버지의 제안이 고맙기 그지없었습니다. 그녀는 서둘러 부처님과 승가를 시집으로 초청하였습니다.

부처님이 제자들을 거느리고 만부성으로 들어오시던 날, 한번도 부처님을 뵌 적이 없는 성의 사람들은 모두 거리로 쏟아져 나왔습니다. 만재 장자의 집안에 평지풍파를 불러일으킨 며느리의 '그 스승'을 구경하기 위해서였습니다.

장자의 여법한 공양을 받고 난 부처님은 만재 장자에게 오계를 지킬 것과 보시할 것, 그리고 선업을 닦아서 천상에 태어날 것을 당부하셨습니다. 나아가 탐욕과 번뇌는 더러우니 속히 벗어나라고 이르셨습니다. 부처님의 설법을 듣고 장자의 생각이 서서히 열리기 시작하였습니다. 법을 받아들일 마음가짐이 갖추어졌음을 보시고 부처님은 이어서 사성제에 대하여 자세히 설명하셨습니다.

그리하여 부처님의 제자가 되어 진리를 보는 깨끗한 눈을 얻게 된 만재 장자는 동쪽 동산에 절을 지어 승단에 바쳤습니다. 이 일로 인해 그 성의 사람들도 부처님의 제자가 되었습니다.

자기의 뜻을 거역한 며느리를 타박하지 않고 오히려 마음을 먼저 연 시아버지 만재 장자. 그는 며느리로 인하여 진리의 세계에 발을 디딜 수 있었습니다. 이쯤 되면 시아버지가 며느리에게 어떤 칭찬의 말을 하였을지 궁금해집니다.

그는 말하였습니다.

"아가, 나를 다시 태어나게 하였구나. 너는 내 어머니이다."

훗날 사람들은 그 절을 '만재 장자 어머니의 강당(녹자모강당)' 이라 불렀습니다.

- 『보요경』, 『증일아함경』「수타품」

지상에서 사리불이 한 마지막 일

"내 어머니에게 가서 당신의 아들 사리불이 돌아왔으니 아들이 쓰던 예전의 방을 깨끗하게 치워 주십사고 전해주겠느냐?"

늙은 사리불이 마침내 고향으로 돌아왔습니다.

사리불의 집안은 계급도 높고 매우 부유하였습니다. 특히 그의 어머니는 매우 영리한 여인이었는데 사리불을 회임하였을 때에는 세상의 이치에 대해 저절로 해박해졌고 지혜로워졌다고 합니다. 어머니의 자랑이었던 큰아들 사리불이 친구 목련과 함께 고향을 떠난 지는 아주 오래 전의 일이었습니다.

그 후 아들에 대한 소문은 바람결에 간간히 실려 왔지만 고향집과는 연락을 끊고 살아서 어머니는 항상 아들에 대한 그리움을 품고 지내야만 했습니다.

그런 아들이 돌아온 것입니다. 그것도 5백 명이나 되는 제자들을 거느리고…. 그가 고향집으로 돌아오는 도중에도 수많은 사람들이 달려 나와 무릎을 꿇고 절을 올렸습니다. 얼핏

보면 금의환향이었지만 실은 병이 깊어진 늙은 아들이 마지막 숙제를 마치고 길고 긴 삶을 내려놓을 임종의 자리를 찾아온 귀향이었습니다.

아들의 방을 손수 청소하던 어머니의 손이 자꾸만 떨렸습니다. 마음 한 구석에는 알 수 없는 불안이 일었습니다. 집으로 돌아온 아들은 어머니에게 인사를 건넬 기력도 없었습니다. 제자들에 둘러싸여 간신히 자신의 옛 방으로 들어간 뒤로 시뻘건 피를 토해냈습니다. 영문을 모르는 어머니는 그저 방문에 기대어 아들의 제자들이 들고나는 피가 담긴 그릇만을 바라보며 가슴을 태울 뿐이었습니다.

그러는 와중에도 수많은 하늘의 신들이 사리불에게 마지막 인사를 드리러 찾아왔습니다. 지혜로운 어머니는 방문 앞에 서서 그 광경을 지켜보다가 제일 마지막으로 다녀간 신이 바로 자기가 모시고 있는 브라만신임을 알고 그제야 사리불에게 다가가 물었습니다.

"아들아, 지금 다녀간 신이 내가 모시는 브라만신 아니냐? 그렇다면 네가 저 신보다 더 높다는 말이냐?"

"그렇습니다. 하지만 저는 비교할 수도 없습니다. 제 스승이신 석가모니 부처님께서 탄생하셨을 때는 한 명도 아닌 네 명의 브라만신들이 아기 부처님을 황금그물로 받았기 때문입니다."

어머니는 자신이 믿고 있는 사상과 종교에 정통해 있었고 단단히 무장해 있었기 때문에 부처님에 대해 궁금해 했던 적은 한 번도 없었습니다. 그런데 자기가 섬기는 신이 아들에게 절을 했고, 그 아들은 행복에 겨운 목소리로 자신의 스승을 이야기했습니다. 그러자 어머니는 석가모니라는 분에 대해 궁금해지기 시작했습니다.

사리불은 그런 어머니를 가만히 지켜보다가 그 때를 놓치지 않고서 부처님이 어떤 덕을 지닌 분이신지를 설명하기 시작하였습니다. 현명한 어머니는 아들의 이야기를 듣자 금방 알아들었습니다. 그녀는 길고긴 탄식을 토해냈습니다.

"아들아, 그토록 훌륭하고 실제적인 행복의 길을 왜 이제야 가르쳐 주는 것이니? 왜 진작 이렇게 설명해주려 하지 않았니?"

사리불은 더할 수 없이 커다란 행복에 휩싸였습니다.

'내 어머니는 매우 지혜로운 분이시다. 그래서 섣부른 수행자들은 오히려 어머니를 진리의 세계에서 멀어지게 할 수 있었다. 내 어머니를 부처님의 세계로 인도할 사람은 오직 아들인 나뿐이었다. 이제 나를 낳아주신 어머니의 은혜를 갚았다. 내 어머니는 성자의 단계에 들어가셨다. 내가 살아서 해야 할 마지막 일을 이제 마쳤다.'

최후의 순간이 다가왔음을 알아챈 사리불은 어머니를 내보냈습니다. 그리고 조용히 선정에 들어 영원한 평안의 경지에 들어갔습니다. 방에서 아무 소리도 들리지 않자 어머니는 황급하게 쫓아 들어가 평온한 모습으로 누워있는 아들 사리불의 발을 쓰다듬었습니다. 하지만 아무런 반응이 없었습니다.

"사랑하는 아들아, 내가 너를 몰랐구나. 이제야 너를 만났지만 내가 너에게 해줄 수 있는 일은 아무 것도 없구나."

아들의 발을 부여잡은 어머니는 밤이 새도록 통곡을 하였습니다. 얼마나 울어야 그 아쉬움이 풀리겠습니까? 하지만 어머니는 늙고 병든 아들을 가장 행복하게 해주었습니다. 아들이 올리는 마지막 말씀에 마음을 열고 귀를 기울였기 때문입니다.

부처님에 버금가는 지혜의 상징 사리불 존자가 지상에서 마지막으로 한 일, 그것은 바로 자신을 이 세상에 있게 해준 가장 큰 은인인 어머니에게 지혜의 등불을 나눠드리는 일이었습니다.

- 밍군 사야도의 『부처님들의 위대한 생애』에 나오는 이 이야기는 격월간지 「호두마을」(2005년 9,10월호)에서 재인용하였음을 밝힙니다.

늙은 어머니의 눈물

나라에 큰 죄를 지은 사람이 있어 사형을 언도받았습니다. 그 나라의 풍속에 의하면 죄인의 목은 전다라족 사람이 베기로 되어있었습니다. 그런데 죄인의 목을 자르기로 되어 있는 전다라 족 사람은 '공교롭게도' 부처님 가르침을 믿고 따르는 사람이었습니다.

"어서 와서 죄인의 목을 쳐라."

이렇게 명하는 왕의 사신에게 그 전다라족 사람은 정중하게 대답했습니다.

"다른 사람의 목을 자르는 일은 꼭 내가 아니더라도 할 사람이 있을 것입니다. 제 몸은 비록 임금의 명령을 받고 있지만 제 마음은 언제나 거룩하신 부처님의 가르침을 따르고 있습니다."

이 말이 왕에게까지 전해지자 왕은 크게 노하여 그를 불러 준엄하게 질책하였습니다. 그러나 이 미천한 사나이는 이렇게 담담하게 말하였습니다.

"저는 부처님의 가르침을 따르는 사람입니다. 부처님께서는 살아있는 벌레 한 마리도 해치지 말라고 하셨는데 죄인이 아무리 극악무도한 사람이라고 해도 어떻게 살아있는 사람의 목숨을 빼앗을 수가 있겠습니까?"

그러자 왕이 으름장을 놓았습니다.

"네가 그토록 고집을 부려 죄인을 죽이지 않으면 네 목숨을 내놓아야 할 텐데…?"

"대왕이시여, 제 몸은 대왕께서 마음대로 죽일 수 있을 것입니다. 그러나 제 마음만은 비록 저 하늘의 제석천왕이 명령한다 하여도 따를 수없습니다."

이 말을 들은 왕은 그만 이성을 잃고 노하여 그를 죽이고 말았습니다. 나아가 그 남자의 아버지와 여섯 형제를 모조리 끌고 오라고 명하였습니다.

"저 오만방자한 녀석이 감히 왕의 명을 어겼다. 그러니 너희들이 대신 저 죄인의 목을 쳐라."

왕은 그 남자의 아버지에게 명하였습니다. 아버지는 거부하였습니다. 곧이어 그의 형제들에게 명하였습니다. 그들도 하나같이 거부하였습니다. 결국 왕은 그 사나이의 아버지와 형제들의 목을 베고 말았습니다. 마지막으로 제일 막내가 남았습니다.

"자, 어떠냐? 너라도 죄인의 목을 쳐라."

막내 동생은 자기도 왕의 명을 따를 수 없다고 거부하였습니다. 왕은 화가 머리끝까지 치밀어 올라 소리쳤습니다.

"이 자도 끌고 가서 죽여 버려라."

이때 이들 일곱 형제의 어머니가 왕을 찾아왔습니다. 늙은 어머니는 뜨거운 눈물을 흘리며 왕에게 이렇게 호소하였습니다.

"대왕이시여, 제발 이 아들의 목숨만은 살려주십시오. 단하나 남은 제 막내아들입니다."

왕은 노파의 이런 애원이 이상하게 느껴졌습니다.

"죽은 아들 여섯도 모두 너의 친자식이 아니었던가? 그들이 죽임을 당할 때에는 잠자코 있다가 왜 지금 와서 일곱째 아들 하나만큼은 살려달라고 애원하는 것이냐?"

늙은 어머니의 대답은 너무나 의외였습니다.

"대왕이시여, 앞서 목숨을 잃은 아들 여섯은 모두 부처님의 가르침을 착실하게 따르는 자식들이었습니다. 그들은 살아 있으면서 나쁜 짓을 저지른 적이 없으니 죽는다 한들 제 마음에 거리낄 것이 하나도 없습니다. 그러나 막내아들만은 그렇지 못합니다. 아직 나이가 어리고 범부에 지나지 않습니다. 만약 생명이 위태롭다고 느끼면 나쁜 생각을 일으킬지도 모릅니다. 그래서 이렇게 간절히 살려달라고 애원하는 것입니다. 그러니 제발 이 아들의 목숨만은 구해주십시오." —『대장엄론경』

✻

십대 아이들이 또래 여자 아이를 감금하고 밤새도록 폭행하여 의식불명 상태에 빠뜨렸다는 뉴스를 접한 적이 있습니다. 저는 흥분한 나머지 "저런 못된 애들은 그 부모를 잡아다 혼내 줘야해"라고 말했습니다. 함께 뉴스를 보던 남편은 이렇게 대꾸하더군요. "아마 어떤 부모는 이미 내놓은 자식이니 내 책임 아니라고 할지도 몰라."

물론 위의 경에서는 극악한 범죄자의 경우가 아니었습니다. 하지만 무거운 처벌을 피할 수 없게 된 상황은 다르지 않습니다. 그 아이들의 부모도 틀림없이 경찰서로 불려갈 것입니다. 그들은 어떤 말을 할까요?

"다 제 잘못입니다. 부모인 제가 벌을 받겠습니다."라는 말을 할지도 모릅니다. "어쩌자고 그런 일을 저질렀니, 응?" 하며 자식을 부여잡고 통곡하는 부모도 있을 것입니다.

제발 그들의 입에서 "더 이상 내 자식 아니니 법대로 처리하시오"라는 말만큼은 나오지 않기를 바랄 뿐입니다. 자식의 삶 그 자체를 가엾이 여겨 눈물을 흘리는 그 늙은 어머니의 애원을 듣고 싶습니다.

가족을 불러 모으는 네 가지 방법

어느 해인가 명절날 큰집에 가지 못하고 오두마니 집을 지킨 적이 있었습니다. 모처럼 호젓하게 책을 읽으면서 시간을 보내려 했습니다만 옆집 가족들의 왁자한 웃음소리며, 전 지지는 기름 냄새가 창을 타고 흘러들자 왠지 혼자 버려진 느낌이 들어 쓸쓸한 감상에 사로잡혔던 기억이 있습니다.

명절날 집안에 사람들이 얼마나 많이 모여드는가는 평소 그 집안의 가장이나 주부가 어떤 마음씀씀이로 일가친척을 대해왔는가에 달려있다고 해도 지나치지 않습니다.

가족들을 모이게 하려면 어찌해야 할까? 부처님은 단적으로 '모이게 하는 방법'이라는 법문을 우리에게 들려주고 계십니다.

✽

수(手)라는 이름의 한 장자가 5백 명의 장자들을 거느리고 부처님을 찾아뵈었습니다. 그러자 부처님은 수많은 권속을 거느린 장자를 감탄하시며 그 방법을 물으셨습니다. 장자는 이렇게 대답하였습니다.

"세존께서 네 가지를 말씀하신 적이 있습니다. 그것은 바로 은혜롭게 베풀라[惠施]·사랑이 담긴 말을 하라[愛語]·이익되는 행동을 하라[利行]·행동을 같이 하라[等利, 同事]입니다. 세존이시여, 저는 이 네 가지로 사람들을 포용하였습니다."

세존께서 찬탄하여 말씀하셨습니다.

"참으로 훌륭하다. 수 장자여, 너는 진리의 가르침에 적합하게 사람들을 참 잘 이끌어 들였구나. 만일 누구든지 법답게 사람들을 끌어 들인다면, 그 사람은 바로 이 4섭법을 실천한 것인 줄 알아야 한다."

– 『중아함경』

✿

우리가 경전을 읽을 때나 법문에서 자주 들었던 '4섭법'이라는 법문이 바로 '사람을 불러 모으는 네 가지 방법'이란 것입니다. 『아비달마집이문족론』에는 네 가지 방법에 대하여 좀 더 자세하게 설명하고 있습니다.

"베풀어서 사람을 불러들이는 일이란, 수행자나 가난한 이에게 음식과 약과 옷 등의 필요한 물건을 베푸는 것이다. 이런 베풂으로 다른 이를 평등하게 거두어 주고 가까이 거두어 주며 가까이 지니고 서로 친하게 따르는 것을, 베풀어서 거두는 일이라고 한다.

사랑이 담긴 말로 사람을 불러들이는 일이란, 기뻐할 만한 말 · 재미있는 말 · 얼굴을 펴고 평온하게 보면서 하는 말 · 얼굴을 찡그리지 않고 하는 말 · 웃음을 머금고 상대방보다 먼저 건네는 말 · 상대방보다 먼저 인사하면서 위로하는 말 · 좋아할 만한 말이고 또 자기를 찾아온 사람에게 '잘 오셨습니다' 라고 건네는 말로 사람들을 거두는 일이다.

그 중에서 가장 훌륭한 것은 사람들을 잘 인도해서 귀를 기울여 법을 듣게 하고 언제 어느 때나 법을 설하고 가르쳐 주며 바른 일을 선택하게 하는 것이다. 이렇게 사랑이 담긴 말로 다른 이를 평등하고 가깝게 거두어 주며, 친근히 하면서 따르게 하는 것을, 사랑이 담긴 말로 사람을 불러들이는 일이라 한다.

도움을 줌으로써 사람을 불러들이는 일이란, 깊은 병이 들었거나 재앙을 만나 고생하면서 살 길이 막막한 이가 있으면 곧 그곳으로 가서 자비심을 일으켜 몸과 말로 방편을 제공하고 보살피고 구제하는 이로운 행을 하는 것이다. 또한 그 중에 가장 훌륭한 것은 믿지 않는 이를 권하여 믿음을 원만하게 하는 것이요, 파계한 이를 달래고 인도하여 계율을 원만하게 하는 것이며, 인색한 이를 일깨워서 보시를 원만하게 하는 것이요, 나쁜 소견을 지닌 이를 조복하여 지혜롭게 만드는 것이다.

이렇게 도움을 줌으로써 다른 이를 평등하고 가깝게 거두어 주며 서로 친근히 하면서 따르게 하는 일을, 도움을 줌으로써 사람을 불러들이는 것이라 한다.

행동을 같이 함으로써 사람을 불러들이는 일이란, 생명을 해치는 일과 도둑질, 음욕, 거짓말, 술 마시는 일에 대해서 이 다섯 가지 일을 지극히 싫어하지만 친구와 함께 하면서 그로 하여금 그 일을 떠나게 하는 것을 말한다.

이런 일로써 다른 이를 평등하고 가깝게 거두어 주며 서로 친근히 하면서 따르게 하는 것을, 행동을 같이 함으로써 사람을 불러들이는 것이라 한다."

❊

먼저 말을 건네고 안부를 묻고 친척들의 살림살이를 들여다보며 걱정해주는 일. 핵가족화가 심화되어가고 있는 우리 현실에서는 마음 열기가 쉽지는 않겠지만 혹시 가족들이 멀어지고 흩어지는 분이 계시다면 부처님이 일러주신 이 방법을 한번 써보시기 바랍니다. 분명 다음 명절에는 일가친척들의 웃음소리가 와자하니 집안에 가득 찰 것입니다.

사람들이 많이 모여든다는 것. 주부의 입장에서야 허리가 휘어지는 일이긴 하지만 어찌되었든 명절날 휑한 큰 집보다는 비좁더라도 현관에 벗어놓은 신발이 수북한 집안이 좀더 사람 사는 맛이 나는 것은 틀림없는 사실입니다. 일단 내 피붙이들이 화목해야 그 사랑이 낯선 이웃으로 번져갈 것이기 때문입니다.

노총각의 사랑 찾기

노총각이 한 사람 있었습니다.

한때 그는 그럭저럭 잘 나가던 벤처사업가였지만 사업이 망하자 엄청난 카드빚만 안은 아주 불쌍하고 처량한 신세로 전락하고 말았습니다. 도대체 살아갈 의미라고는 하나도 보이지 않는 그가 이제 믿을 데라고는 결혼밖에 없었습니다.

'결혼을 하면 뭔가 마음을 붙이고 살아갈 수 있으리라…'

하지만 빈털터리 남자에게 시집올 여자가 어디 있습니까? 그는 꾀를 내었습니다. 으리으리한 인테리어가 제대로 갖추어진 거대한 저택과 명품 시계며 소지품, 하다못해 양복과 신발까지 최고급 브랜드로 빌렸습니다. 결혼정보회사를 통해서 만난 여자와의 첫 대면 시간인 한 시간 반 동안 말입니다. 그 시간 안에 여자의 마음을 빼앗으면 되리라는 생각에서였습니다.

과연 남자를 만나기 위해 찾아온 여자는 근사한 집안과 남자의 품위 있는 옷차림에 정신을 빼앗기는 것 같았습니다. 남자는 애초에 마음먹은 대로 여자의 마음을 차지하는 것처럼 보였습니다. 하지만 그가 빌려온 모든 물건들이 계약서에 써놓은 대여시간을 채워가자 하나씩 그의 몸에서 떠나가기 시작하였습니다. 처음에는 구두가, 다음에는 값비싼 라이터가, 시계가, 반지가…. 결국 그가 입고 있던 고급양복마저 그의 몸에서 떠나갔습니다.

처음에는 남자는 떠나가는 물건들을 붙잡느라 안간힘을 썼습니다만 그 물건들은 모두 남의 것을 빌려온 것이어서 시간이 되면 주인에게 돌려주어야만 한다는 것을 너무나 잘 알고 있었기에 결국 포기하고 맙니다. 결국 남자에게는 팬티 한 장만 겨우 남게 되었고 그 초라한 모습으로 남자는 여자 앞에 무릎을 꿇고 청혼하였습니다. 여자가 승낙할 리 있겠습니까? 여자의 실망스런 표정에 남자는 절규합니다.

"당신이나 나나 모두 빌린 것들에 둘러싸여 있습니다. 그것들은 떠나가고 말 것입니다. 그 일이 내게 먼저 일어났습니다. 나를 둘러싸고 있던 것들이 하나씩 떠나갔지만 나는 그제서야 알았습니다. 하나씩 떠나갈 때마다 진실한 나는 모습을 드러냈고 당신을 향한 사랑만이 온전하게 자리하게 되었음을…."

결국 노총각은 사랑스런 여인의 결혼승낙을 받아내었고 두 사람은 아름다운 사랑의 이중창을 불렀습니다. 그렇게 무대의 막은 내렸습니다.

갑자기 웬 사랑타령이냐구요? 모처럼 극장을 찾아 뮤지컬을 보았기 때문입니다. '결혼'이라는 제목의 이 아담하고 조촐한 뮤지컬을 감상하는데 그 대사 하나하나가 심상치 않았습니다. 그리고 관객들의 박수와 함께 객석의 불이 환히 켜졌을 때 나는 노총각의 사연이 『잡보장경』에서 도깨비들을 만난 한 사내의 처지와 똑같음을 생각해내었습니다.

✽

늦은 밤 외딴 오두막에서 귀신 둘이 시체 하나를 사이에 놓고 서로 자기가 주인이라며 싸움을 벌였습니다. 숨어서 이 모습을 지켜보던 사내는 귀신들에 의해 끌려나오게 되고 그 사내는 시체가 누구의 것인지를 말해야 했습니다.

사내는 난감하기 이를 데가 없었습니다. 어느 한 편의 손을 들어주면 다른 편 귀신의 미움을 살 것이고 그리 되면 제 목숨을 가져가려 들 것이기 때문입니다. 이판사판이라는 생각에 사내는 침을 꿀꺽 삼키고는 "저 분이 가지고 온 것"이라며 오두막에 먼저 들어온 귀신을 가리켰습니다.

그 순간 나중에 들어온 귀신은 분노를 참지 못하고 사내의 손과 발과 다리와 몸통을 비틀어 뽑아버렸습니다. 이 모습을 본 먼저 귀신이 차례대로 시체의 사지와 몸통을 뽑아서 사내에게 붙여주었습니다.

사내는 아프기도 하거니와 귀신들의 조화에 얼이 나가 멍하니 보고 있을 수밖에는 없었지요. 실컷 난리를 피우던 두 귀신은 문득 싸움을 그치더니 주변에 흩어진 사내의 손발들을 먹어치운 뒤 홀연히 사라져버렸습니다. 귀신들이 사라지고 나자 그제야 제 정신이 든 사내는 제 몸을 내려다보았습니다.

대체 이 몸은 나의 몸인가? 시체의 몸인가? 근데 나는 지금 '내 몸'이라고 내려다보고 있지 않은가….

❁

우리가 지금 내 것이라고 고집하는 이것들이 정말 내 것이 맞는가요? 시간이 되면 다 떠나갈 텐데 그런데도 내 것이 맞을까요? 진짜 내 것이라는 것은 대체 어디에 있을까요?

황금빛 은행잎들이 만추의 비를 맞아 거리를 노랗게 물들이던 토요일 밤. 서울 명동의 후미진 골목 끝 극장에서 한 노총각이 빌려온 것들을 모두 떠나보낸 뒤에 마침내 사랑을 찾아 결혼에 골인하였듯이 나도 '진짜 나'를 찾아 삶에 골인해야겠다며 총총히 귀가를 서둘렀던 하루였습니다.

부처님의 자녀교육법

"가서 네 아버지에게 재산을 물려달라고 하여라."

어머니 야쇼다라가 이 말만 하지 않았다면 라훌라는 스님
이 되지 않았을지도 모릅니다. 라훌라에게 출가생활은 전혀
생각지도 못했던 형벌과도 같은 나날이었습니다.

정반왕의 손자, 석가모니부처님의 외아들….

자기 이름 앞에 붙은 이런 수식어만 보더라도 자신이 저 여
타의 볼품없는 수행자들과 함께 어울릴 수는 없는 노릇이었
습니다. 라훌라는 심하게 반항하였습니다. 부모의 사랑을 듬
뿍 받는 청소년들도 사춘기 시절에는 곱게 자라주지 않는 법
인데 저는 라훌라의 그 뾰족한 심보가 십분 이해됩니다.

왕자였던 자신이 하루아침에 빈 밥그릇을 들고 아침마다
밥을 빌러 다니는 신세가 되지 않았습니까? 모두들 자기 앞에
서 허리를 굽혔는데 이제는 하루 먼저 출가하였다고 고개를
바짝 쳐들고 다니지 않습니까?

아버지에게 하소연이라도 하고 싶었지만 아버지의 자리를 사리불 존자가 대신하고 있었습니다. 응석은 용납되지 않았습니다. 부처님은 좀처럼 자신을 살갑게 대해주지도 않았습니다. 결국 라훌라는 마음이 비뚤어질 대로 비뚤어졌고 경전에서 보면 이런 라훌라 때문에 아주 많은 이들이 마음고생 몸고생을 하였다고 합니다.

부처님이 그런 라훌라를 찾아가 발을 씻은 대야를 가지고서 일깨워주셨다는 이야기는 아주 유명합니다.

"발 씻은 물이 담겼던 대야는 아무 짝에도 쓸모가 없다. 향긋한 밥을 담으려면 대야를 깨끗하게 씻고 또 씻어야 한다."

라훌라는 그런 아버지의 따끔한 지적에 정신이 번쩍 들었습니다.

'그전의 습관을 버리지 못한 내 마음은 결국 더러운 물이 담겼던 대야에 불과했단 말인가. 내 마음이 그렇다면 결국 내 자신도 그런 천한 존재에 지나지 않는다는 말이 아닌가.'

'나는 이전에는 왕자였다'는 생각을 버리지 못하고 지내온 결과 지금 자신이 얼마나 가치없는 존재가 되어 있는지를 돌아보게 된 것입니다. 오만방자한 자신을 피하는 사람들의 모습이 하나둘 보이기 시작하였습니다.

정반왕의 손자는 이제 없습니다.

석가모니의 외아들도 이젠 없습니다.

오직 철모르고 반항하던, 엉덩이에 뿔난 송아지 한 마리가 가사를 걸치고 교만을 떨고 있었습니다.

이런 자신의 모습을 정확하게 바라보는 순간 라훌라는 다시 태어났습니다. 그 후 얼마나 조용하고도 치열하게 수행을 이어갔던지 그에게는 '밀행(密行) 제일'이라는 수식어가 새롭게 붙었습니다. 구태를 벗어버린 라훌라에게 새로운 가르침이 담기기 시작하였습니다. 『숫타니파타』를 보면 부처님은 이런 훌륭한 가르침을 라훌라에게 주고 계십니다.

"라훌라여, 어진 이와 늘 가까이 함께 있기 때문에 그들을 가볍게 여기고 있지는 않느냐?

어진 이는 세상의 모든 사람을 위해 횃불을 비춰주는 존재이다. 너는 그런 이를 존경하고 있느냐?

우리가 매일 대하는 일상의 일들은 너무나 자극적이다. 네 자신의 눈과 귀, 코와 혀와 몸을 잘 단속하여라.

선한 친구와 사귀어라.

시끄러운 곳을 떠나 고요한 곳을 자주 찾아라.

음식에 대하여 절제할 줄 알아야 한다.

옷이나 음식, 그리고 자리에 욕심을 부리지 말라.

세상의 일들에 쓸데없는 미련을 품지 말라.

계율을 잘 지키고 네 몸을 항상 살펴라.

겉모습에 현혹되지 말라. 육체의 포장을 열어서 그 속에 담긴 진실한 내용을 잘 살피면 외양에 쉽게 휩쓸리지는 않으리라.

네 마음을 나무 타는 원숭이처럼 내버려두지 말고 한 가지 대상에 집중시켜라.

네 마음에 오만이 도사리고 있거든 어서 털어버려라. 오만을 없애면 너는 평화로운 나날을 보내게 되리라."

✳

청소년들이 수험생 시절을 보낼 때면 그 시간은 자신에게는 '형벌'이기도 하지만 온갖 인간적인 의무와 도리에서는 '면책의 특권'을 누리는 기간이기도 합니다.

하지만 시험이 끝나면 책상 위의 묵은 먼지를 털어내듯 마음속의 '수험생의 특권'이라는 먼지도 어서 털어내시기 바랍니다. 빨리 털어내는 사람일수록 미래를 위한 더 멋진 가르침을 담을 수 있으니까요. 철부지 왕자님, 공주님에서 인격이 완성된 한 사람의 멋진 청년으로 거듭 태어나야 하지 않겠습니까.

부모 마음
– 내 아이에게 포교하기

기본교육이 끝나면 이따금 질문을 받습니다.

"부처님 가르침이 이렇게 좋은지 새삼 깨달았습니다. 그런데 제 아이는 여전히 불교는 미신이라고 생각하고 있습니다. 게다가 절에 다니면 다른 종교를 가진 친구들에게 따돌림을 당할지도 모르구요. 우리 아이에게 부처님의 이 좋은 가르침을 들려주고 절에 다니게 하고 싶은데 좋은 방법이 없겠습니까?"

밖에서 맛있는 음식을 먹으면 가장 먼저 생각나는 것이 아이의 얼굴입니다. 이렇게 맛있는 음식을 내 아이에게 먹여보지 못했다는 생각이 들면 그토록 달콤하던 맛이 싹 사라질 정도입니다. 언제고 꼭 데리고 와서 먹여야겠다고 다짐을 하게 되는 것도 그만큼 자식에 대한 사랑이 크기 때문입니다.

음식도 그러한데 하물며 부처님의 가르침을 만나서 마음이

상쾌해지고 나면 이 좋은 내용을 누구보다 자식에게 먼저 들려주고 싶은 것은 지극히 당연한 부모 마음일 것입니다.

하지만 자기 자식에게 부처님의 가르침을 전해주는 일은 그리 쉽지 않습니다. 다른 종교인들처럼 무조건 믿으라고 등떠밀어 보내면 고민할 필요야 없겠지만 불자들은 자식에게 종교를 그런 식으로 강권하지 않습니다.

좋은 가르침을 세상에서 가장 사랑하는 자식에게 들려주는 일은 옛 성인들도 고민했던 문제 같습니다.

"옛날에는 자식을 서로 바꾸어서 가르쳤다. 부모자식 간에는 착하게 살라고 요구하지 않는 법이니, 착하게 살 것을 요구하면 정(情)이 떨어지게 된다. 정이 떨어지면 이보다 나쁜 것이 또 어디 있겠는가."

정이 떨어진다는 말은 관계가 멀어진다는 뜻입니다. 이 세상에 부모 자식보다 더 친밀한 관계가 있을까요? 부모 자식 간에는 윤리, 종교, 이념… 그 어떤 것도 사이에 끼어들 수 없습니다. 그러니 아무리 훌륭한 성인군자의 말씀이라 하더라도 부모 자식 간의 정이 우선이라는 것입니다.

하지만 너무나 친밀하다 보니 오히려 부모는 자식에 대해 기대와 애정이 넘쳐 흘러, 자식은 부모에 대한 신뢰가 너무나 커서 자기도 모르게 강요를 하는 일이 많아집니다.

맹자의 말씀은 친한 사이일수록 이러저러한 요구는 오히려 삼가야 한다는 것을 우리에게 일러주고 있습니다.

종교를 권하는 일도 이와 다르지 않습니다. 사람이 하나의 종교를 갖기까지는 제각각 다양한 계기가 있습니다. 주변을 돌아볼 때 모태신앙으로 하나의 종교를 받아들인 사람의 신심이 가장 두터운 것 같습니다.

태어나기 전부터 어머니의 신앙을 고스란히 물려받은 사람에게는 그 종교에 대해 이론적으로 이러니 저러니 따질 수가 없습니다. 그에게 신앙은 곧 어머니요, 어머니가 곧 신앙이기 때문입니다. 어느 종교에서나 마찬가지입니다.

그리고 어려서는 종교를 갖고 있지 않았지만 부모가 독실하게 신앙생활을 해가면 그 아이는 어른이 되어서 자기도 모르게 그 종교를 선택하게 되는 경우도 보았습니다. 부모는 자식에게 경전의 말씀을 들려주거나 그 말대로 살라고 강요하지 않습니다. 오직 전적으로 자식을 믿어주고 자식이 잘 되기를 기도합니다. 그런 모습을 암암리에 보아온 자식은 항상 자기 뒤에는 든든한 후원자인 부모가 있다는 것을 느끼고 살아가며, 어른이 되어서 어떤 어려움에 부딪치면 자기 부모가 그러했듯이 자기도 그 종교에서 해답을 찾아가게 됩니다.

어떤 경우나 부모가 먼저 자기가 믿고 있는 신앙에 대해 잘 알고 있어야 한다는 것입니다. 부처님이 무엇을 가르쳤는지를 자기가 먼저 잘 알고 그 가르침대로 살아가면 그 모습 자체로 특별한 말이 필요 없는 훌륭한 포교가 되기 때문입니다.

✻

"사람들에게 가엾이 여기고 사랑하는 마음을 내어라. 그리하여 상대가 너의 말을 듣고 즐겁게 받아들이거든 그때 그들을 위해 네 가지 무너지지 않는 깨끗한 믿음을 설명하여 그들로 하여금 거기에 들어가 머무르게 하라. 네 가지란 불·법·승·계이다."   — 『잡아함 사불괴정경』

자기 신앙을 권하기 이전에 자식의 마음을 먼저 열어야 한다는 것입니다. 그러려면 자식에게 할 수 있는 한 최대한 베풀고(布施), 진실하고 다정한 말을 늘 건네며(愛語), 자식에게 이롭도록 행동하고(利行), 자식이 하는 일을 이해하고 같이 행동을 해야 할 것(同事)입니다. 이 네 가지는 다른 사람을 자기편으로 만드는 방법입니다.

부모가 이 네 가지를 자식에게 먼저 실천하면 자식은 부모의 신앙을 기꺼이 자신의 믿음으로 받아들일 것입니다. 어쩌면 이미 부모보다 더 훌륭한 불자가 되어 있을지도 모릅니다. 자식은 부모를 보고 배우게 마련이니까요.

끝만 좋으면 다 좋다구요?

두 형제가 있었습니다. 형은 똑똑해서 부모가 뭐든 가르쳐 주기만 하면 그 자리에서 자기 것으로 만들었습니다. 그런데 동생은 그렇지 못하여 한 두 마디 단어가 이어지기만 해도 외지 못했습니다. 어느덧 세월이 흘러 부모는 세상을 떠났고 형은 한 비구스님에게서 부처님의 가르침 한 토막을 듣고는 그 깊은 뜻에 온통 마음이 빼앗겨 출가했습니다. 그리고 출가한 그날 밤에 삼장을 다 외웠고 깊은 사색과 선정에 잠겨 아라한을 이루었습니다.

홀로 집에 남겨진 동생은 워낙 어리석은지라 재산을 다 잃어버렸고 이 집 저 집 돌아다니며 걸식하면서 근근이 생계를 잇고 있었습니다. 그러다 큰스님이 된 형을 만나게 되었습니다.

형은 거지 행색의 초라한 동생을 보는 순간 측은한 마음을 금할 길이 없어 그를 제자로 받아들였습니다. 형은 하루라도 빨리 동생을 깨우치려고 부지런히 가르쳤습니다. '내 동생은

머리가 좋지 않으니 게송 하나만 외게 하자.'

"세 가지 악한 업을 짓지 말고 세상 모든 중생을 괴롭히지 말라. 바른 마음으로 살펴서 탐욕의 대상은 공하다고 알아서 아무 이익 없는 괴로움을 멀리 떠나야 하리라."

동생은 정말 열심히 외웠습니다. 하지만 머리가 너무 나빠 3개월이 지나도록 외지 못했습니다. 오죽하면 옆에서 소 치던 사람들이 그것을 외웠다가 동생이 물으러 오면 가르쳐 줄 정도였겠습니까.

형은 동생의 우둔함에 두 손 두 발 다 들었습니다. 다른 이에게 보내보았지만 그 사람 역시 인내심의 한계를 느끼며 동생을 절 문밖으로 쫓아내 버렸습니다.

'대체 내 머리는 왜 이리도 나쁜 것인가! 사랑하는 형마저도 나를 포기할 정도이니 나는 더 이상 세상에 존재할 가치도 없는 녀석이다.' 동생은 자신의 처지가 한스러워 서러움에 북받쳐 슬피 울었습니다.

얼마나 울었을까요? 그의 슬픔이 부처님에게 전해졌습니다. 부처님은 그를 불러들여 자상하기 이를 데 없는 아난 존자에게 그의 교육을 맡겼습니다. 하지만 아난 존자도 포기했습니다. 결국 동생의 교육은 부처님 몫이었습니다. 부처님은 그를 불러 말씀하셨습니다.

"이제부터 너는 '나는 먼지를 턴다. 나는 때를 없앤다' 라는 두 구절만 외우거라."

하지만 동생은 그것조차도 외지 못하였습니다. 그러자 부처님은 그에게 먼지떨이를 쥐어주시며 말씀하셨습니다.

"이 절에 있는 스님들의 신발을 털어라. 그러면서 너는 '나는 먼지를 턴다. 나는 때를 없앤다' 라고 자꾸만 생각해야 한다. 그건 할 수 있겠지?"

처음에는 신발을 맡기려고조차 하지 않던 스님들은 부처님의 의중을 알고 난 뒤에 동생에게 신발을 맡겼습니다. 그는 열심히 털고 또 털었습니다. 그러던 어느 날 밤 그의 마음속에는 깊은 궁금증이 일었습니다.

'부처님께서 외우게 하신 먼지와 때는 무엇을 말하는 것일까?' 열심히 신발을 털던 그의 손이 멈추었습니다. '아, 그 먼지는 흙먼지가 아니구나. 욕심, 분노, 어리석음을 먼지라고 하는구나.' 여기에까지 생각이 미치자 그는 탐진치 삼독을 깨끗이 없앨 수 있었습니다.

그리고 그 자리에서 가부좌를 맺고 앉아 깊은 선정에 들어 움직이지 않았습니다. 그토록 어리석은 이가 아라한을 이룬 것입니다. 그의 이름은 주리반특이었습니다.

－『근본설일체유부비나야』

＊

 불자들이면 누구나 익히 들어왔던 이야기입니다. 여러분은 이 이야기가 무엇을 가르친다고 생각하십니까?

 저는 이 경을 읽을 때마다 '그래, 아무리 어려운 부처님 말씀이라도 이렇게 열심히 공부하면 언젠가는 깨달음을 얻게 될 거야. 주리반특도 해내었는데….' 라고 생각했습니다. 하지만 언제부터인가 조금씩 다른 방향에서 이 이야기를 생각하게 되었습니다. 중요한 것은 주리반특이 '마침내 아라한이 되었다'는 사실이 아니라 그는 '천천히 깨달아갔다'는 사실입니다.

 멸시와 구박을 받으면서도 그는 자신의 모자람을 절실히 깨달았고, 짧은 구절 하나를 외기 위해 온 몸으로 노력한 그 하루하루가 그에게는 깨달음의 순간이었다는 사실입니다. 결과는 과정이 있어야 나오는 것이지요. 일단 붙고 보자는 마음이 수능시험의 부정행위를 불러왔습니다. 어른들의 책임이고 사회의 책임입니다.

 끝이 좋으면 다 좋다고들 말하지요? 아닙니다. 끝만 좋다고 다 좋은 것은 결코 아니라는 것. 과정이 좋으면 끝이 좋은 법이라는 것을 아이들에게 가르치는 것이 교육이라는 생각을 주리반특을 통해서 해보게 됩니다.

끝이 좋으면 다 좋다고들 말하지요?

아닙니다. 끝만 좋다고 다 좋은 것은 결코 아니라는 것.

과정이 좋으면 끝이 좋은 법이라는 것을 아이들에게 가르치는 것

이 교육이라는 생각을 주리반특을 통해서 해보게 됩니다.

성공을 돕는
붓다의 처세술

문수사리보살이 그들에게 없던 장점을 새삼 만들어서
말하지는 않았을 것입니다. '저 중생은 내가 가르쳐야만 해' 라는
생각이 아니라 '저 사람에게는 내게 없는 뭔가가 있다' 는 눈으로
상대방을 바라본 것이 주효하였던 것입니다.

사람에게 다가가고 그 사람을 내 편으로 만드는 아주 멋진 방법,
그것은 바로 '칭찬' 이라는 것을 경전에서도 확인할 수 있었습니다.

식당 아줌마의 성공비결

오늘은 우리 동네 부대찌개 식당 이야기를 좀 하려고 합니다.

동네 허름한 2층 건물의 1층에 세를 들어 있는 작은 식당인데 4인용 밥상 6개가 전부입니다. 반찬은 오직 김치와 부추무침뿐이고, 메뉴 또한 단출하여 부대찌개와 낙지볶음과 전골이고, 별미로는 칡냉면이 있습니다.

이 식당의 주인은 50대에 막 들어선 아줌마입니다. 그래서인지 단골의 대부분은 동네 주부들입니다.

단출한 메뉴판에서 그나마 뭘 시킬까 망설이면 주인아줌마의 현명한 참견이 반드시 끼어들고, 음식에 대한 상담도 즉석에서 이루어집니다. 그런 만큼 자신이 만들어 내놓는 음식에 대한 그녀의 자부심은 매우 큽니다.

부대찌개에 라면 사리를 두 개 주문하면 국물이 탁해져 맛이 없다며 '안 된다' 라고 거절합니다. 사람 수에 비해서 좀 많이 시켜도 그녀는 도리질합니다. 부추무침을 먹지 않으면 그

영양 만점인 음식을 왜 안 먹느냐며 이내 설교가 벌어집니다. 음식도 맛있고 주인의 접대 솜씨도 일품이어서 그런지 언제나 식당 앞은 장사진을 이루고 있습니다.

어느 날 동네 다른 곳에서 우연히 그녀를 만났을 때 나는 그녀의 사업에 대해 들을 수 있었습니다. 그녀는 16년째 같은 곳에서 같은 메뉴로 처음부터 지금까지 이어오고 있다는 것입니다. 그러면서 말하였습니다.

"나는 성공했어. 돈을 많이 벌었어. 사람들은 날보고 번듯하게 식당을 넓히라지만 나는 그런 거 싫어. 지금 그 자리에서 끝까지 해갈 거야."

식당 이야기를 할 때 그녀의 눈은 반짝반짝 빛났습니다.

"나는 음식 만드는 걸 좋아해. 지금도 음식과 관련된 거는 뭐든 메모를 하고 만들어봐. 하지만 난 다른 메뉴를 추가하진 않을 거야. 나는 이 세상에서 미련하게 사는 게 가장 자신 있는 사람이니까 내가 할 수 있는 이 일로 그냥 끝까지 밀어 붙일 테야."

❁

스스로를 성공했다고 자신 있게 말하는 식당 아줌마가 한없이 부러워 곰곰이 그녀의 성공비결을 헤아려보기로 하였습니다.

무엇보다도 첫째, 스스로를 미련하다고 말하였지만 그건 한 길을 꾸준히 걸어가는 소걸음 같은 인생행로의 다른 표현임에 분명합니다. 사업이 어느 정도 자리를 잡으면 사람이라면 누구나 사업장의 규모를 확장하거나 아이템을 바꾸거나 추가하는 변화를 꾀하기 마련입니다. 사실 그렇게 해서 성공한 사람도 주변에는 더러 있지만 사업을 크게 벌여야 할 때를 정확히 판단하기란 쉽지 않습니다.

"어리석은 사람에게 두 가지 모양이 있다. 자신이 성취할 수 없는 일을 굳이 하려고 하는 것과, 자신이 성취할 수 있는 일을 싫어하고 버리는 것이다. 반면에 지혜로운 사람에게도 두 가지 모양이 있다. 자신이 성취할 수 없는 일은 하지 않고, 자신이 할 수 있는 일은 싫어하지도 버리지도 않는 것이다."라는 『증일아함경』의 말씀이 잘 적용되었다는 생각이 듭니다.

둘째, 그녀는 처음부터 큰 수입을 바라지 않았다는 사실입니다. "재물을 쌓되 적은 데서 시작하라. 마치 여러 꽃에서 꿀을 모으는 벌처럼. 재물은 날마다 점점 불어나 마침내는 줄거나 소모됨이 없으리라."라는 『장아함경』의 말씀처럼 한 번에 대박을 터뜨리기보다는 아주 조금씩 재물을 불려나간 것 또한 사업의 귀재도 아니고 종자돈도 빈약한 사람이 성공할 수 있는 또 하나의 비결이 아닐까 생각합니다.

셋째, 그녀는 쉬지 않고 일을 하였다는 사실입니다. 『불반니원경』에 "수십 명이 각각 활을 가지고 과녁을 향하여 화살을 쏘면 앞에 맞는 것도 있고 뒤에 맞는 것도 있지만 쉬지 않고 화살을 쏘면 반드시 과녁의 중앙을 맞히듯이 게으르지 않고 잡념이 없으면 도를 증득할 것이다"라고 한 것처럼, 언젠가는 적중하리라는 희망을 가지고 쉬지 않고 화살을 쏘아댄 것이 부대찌개 식당 아줌마의 또 하나의 성공비결이라 할 것입니다.

여름휴가도 16년째 8월의 첫 번째 주로 정해놓고 지켜오고 있다는 그녀, 자식이 공부에 취미가 없어 보여 공부를 강요하지 않고 어떤 재능이 있나 지켜보고 있다는 그녀, 돈보다 일이 재미있어서 하다 보니 돈이 따라왔다는 그녀를 바라보고 있자니 열심히 살아온 것 같기는 한데 손에 쥐어진 것이 없어 실망을 안고 사는 분들에게 가장 먼저 이 이야기를 들려주고 싶었습니다.

대박을 터뜨리세요, 부처님!

　부처님께서 나란다 성의 한 숲속에 계실 때의 일입니다. 그
성에 '견고'라는 이름의 청년이 살고 있었습니다. 이 청년은
부처님을 매우 존경하고 마음으로 믿고 의지하였습니다. 부
처님과 승단을 좋아하는 만큼 청년의 소망은 오직 하나, 불교
의 세력이 전국적으로 퍼져나가고 어디서나 부처님의 가르침
이 메아리치는 것이었습니다.

　그러려면 지금처럼 부처님이 맨발로 한 사람 한 사람을 만
나러 다니며 가르침을 펼치는 식의 교화법은 얼른 집어치워
야 했습니다. 그래가지고 어느 세월에 이 넓은 인도 땅, 나란
다 성을 불교의 요람으로 만들 것인가⋯. 청년은 자나깨나 머
릿속으로 어떻게 하면 이 땅에 불교의 붐을 일으킬 수 있을까
를 궁리하다가 아주 그럴 듯한 묘안을 생각해내었습니다.

　그리고 다음 날 청년은 부처님을 뵈러 가서 이렇게 청하였
습니다.

"세존이시여, 앞으로 승단의 모든 스님들에게 사람들을 만나면 기적을 보여주라고 일러주십시오."

그런데 부처님은 청년의 간청을 거절하셨습니다.

"나는 절대로 사람들에게 기적을 보여주라고 비구들에게 이르지 않을 것이다. 여래의 제자들은 오직 한적한 곳에 있으면서 고요히 도를 행하고 만일 공덕이 있으면 그것을 스스로 숨기며, 잘못이 있으면 스스로 그것을 드러내라고 가르칠 뿐이다."

부처님의 거절을 예상이라도 했는지 청년은 그래도 졸라댔습니다.

"부처님, 그러지 마시고 부처님을 믿는 사람들이나 믿지 않는 사람들이 오거든 그들에게 기적을 보이라고 스님들에게 명하셔야 합니다. 물론 저는 부처님의 법이 얼마나 좋고 훌륭한지 잘 알고 있습니다. 그런데 이 나란다 성은 인구도 매우 많고 아주 풍요롭습니다. 이런 나라에서 조금만 기적을 보이면 엄청난 이익을 볼 수 있을 것이요, 부처님과 승단은 아주 훌륭하게 교화를 이루어낼 수 있을 것입니다. 그러니 제발 스님들에게 기적을 행하라고 일러주십시오."

하지만 부처님의 대답은 한가지였습니다.

'기적은 안 된다'는 것….

물론 경전을 읽다보면 부처님도 세 가지 기적(신통력)에 대하여 말씀하고 계십니다. 어느 곳이나 막힘없이 드나들 수 있는 신통력, 상대하는 사람들의 마음속을 환히 알아맞히는 신통력, 그리고 다른 이를 깨달음의 경지로 교화하는 신통력 등이 그것입니다.

그런데 기적을 잘못 부려 오히려 부처님에게 크게 야단을 맞는 스님 이야기도 경전에 등장하고 있는 것으로 봐서 이런 기적은 아주 극단적인 경우가 아니면 절대로 함부로 부려서는 안 되는 것임에 틀림없습니다. 이런 기적은 아무리 부드럽고 쉬운 말로 타이르고 깨우쳐주어도 그 마음을 열 생각조차 하지 않는 사람에게 쓰는 마지막 방법이기 때문입니다.

❋

부처님은 이어서 청년에게 기적을 부려서는 안 되는 이유를 이렇게 설명하고 계십니다.

"올바른 방법으로 열심히 수행한 비구들이야 바른 생각으로 그러한 기적을 일으키겠지만 바른 믿음을 지니고 있지 않은 이들이 그런 기적을 보았을 때 그들은 그 기적 속에 숨은 뜻을 이해하려 하지 않고 그저 '나도 그런 것 할 줄 안다, 주문만 몇 줄 외면 된다'라고 말할 것이다. 그렇다면 이야말로 참으로 바른 법을 비방하는 말이 아니고 무엇이겠는가?"

아마 부처님이 인도 땅에서 대대적으로 교세확장에 성공할 생각이었다면 분명 기적을 행하셨을 것입니다. 사람들은 그런 불가사의한 힘 앞에서는 기가 팍 죽고 납작 엎드리기 때문입니다. 사람들의 그런 심리를 교묘하게 이용하여 일단 신도들을 많이 끌어들여 다시 말해 소위 '대박'을 터뜨린 뒤에 뭔가 제대로 된 가르침을 펼치자는 심리가 종교인들 사이에도 팽배해 있습니다.

하지만 그들은 그렇게 대박을 터뜨리고 난 뒤를 어떻게 수습하려는 것인지…. 거액의 복권에 당첨된 사람들의 대부분이 결국 정상적인 삶마저도 포기하는 말로를 겪게 되었다는 통계를 보더라도 '기적'이 얼마나 무서운 독인지 알 수 있습니다.

기적을 부탁하는 사람 앞에 부처님은 "공덕이 있으면 스스로 그것을 감추고, 잘못이 있으면 스스로 그것을 드러내라"는 말씀을 하십니다. 빨리 한 건 제대로 하여 인생을 180도 역전시키는 것이 삶의 목표가 되어버린 요즈음, 부처님의 이 말씀은 어쩐지 시대를 거스르는 당부인 듯 느껴집니다만 오히려 이것이야말로 오래도록 생명을 지속시킬 수 있는 가장 큰 힘임을 잊지 말아야 할 것입니다.

성공을 가로막는 열 가지 장애물

싯다르타 태자는 인간의 괴로운 현실을 목격하고 그 해답을 찾고자 성을 나섰습니다. 그는 6년이라는 긴 시간을 오직 '인간은 왜 괴로운 것인가' 하는 문제를 풀려고 매달렸습니다.

하지만 당시 인도 땅에서 내로라 하는 스승들로부터 배운 선정들과 자유로운 사상가들이 택하였던 고행을 통해서는 결코 인간의 괴로움을 해결할 방법을 찾을 수 없었던 싯다르타는 보리수 아래에서 고요히 가부좌하게 됩니다.

항상 그를 따라다니며 그의 수행과 완성을 방해할 틈만 노리던 악마는 낌새를 알아차리고 부처되기 직전의 태자를 뒤흔들려고 나타났습니다. 그런 악마에게 싯다르타는 이렇게 말합니다.

"나는 네가 누군지 안다. 너에게는 열 가지 추종자들이 항상 따라다닌다. 그 열 가지란 바로 욕망, 혐오, 기갈, 집착, 피로와 수면, 공포심, 의혹, 위선과 고집, 그릇된 방법으로 얻은 이익과 명성, 자신을 높이고 남을 경멸하는 마음이다. 그러나 나는 지혜의 힘으로 너의 추종자들을 쳐부수리라. 굽지 않은 질그릇을 돌로 쳐서 깨뜨리듯이."   －『숫타니파타』

✺

싯다르타는 이 열 가지를 쳐부수었습니다. 그리하여 성공하였습니다. 싯다르타의 성공을 '성불'이라고 부릅니다. '부처를 이루었다'는 뜻이지요.

싯다르타가 성을 나와서 '성불'이라는 성공신화를 이루어내기까지 일련의 과정은 한 사람의 성자에게만 국한된 이야기가 아닙니다. 우리가 살아가면서 각자 목적하는 바를 세우고 그것을 향해 노력하는 과정과 넘어서야 할 장애물들도 이와 다르지 않습니다.

『숫타니파타』에서 말하고 있는 것처럼, 성공하려면 반드시 다음의 열 가지를 넘어서야 합니다.

첫째는 욕망입니다. 그릇된 욕정에 휘둘리지 말아야 합니다.

둘째는 혐오입니다. 세상과 사람들에 대해 혐오하는 마음을 품으면 결코 성공할 수 없습니다. 다른 이를 적으로 보지 말고 친구처럼 바라보는 것, 바로 자비의 마음입니다.

셋째는 타는 듯한 갈증입니다. 성공에 대해 집착이 지나치다보니 완성에 이르렀을 때도 만족하지 못하는 것입니다. 성공만을 위해 노력하는 것만큼 중요한 것은 노력하는 과정을 즐기는 일입니다.

넷째는 집착입니다. 작은 성공에 집착하지 말아야 합니다. 마찬가지로 숱하게 겪어야 할 실패에 집착해서도 안 됩니다. 그런 숱한 성공과 실패는 강을 건너는 뗏목과 같은 것이요, 강을 건너면 뗏목을 버리듯 집착을 버려야 한다고 부처님은 말씀하십니다.

다섯째는 피로와 수면입니다. 잠을 줄이면서 노력하는 것은 필수입니다만 맑은 정신을 끝까지 유지하려면 역시 충분한 휴식은 절대로 필요한 것입니다.

여섯째는 공포심입니다. '내가 끝내 성공하지 못하면 어쩌지?' 하는 두려운 마음입니다. 백 척이나 되는 장대 끝에서 한 발자국을 내디뎌야 할 때 믿을 것은 오직 자기뿐입니다. 열심히 살아온 자기를 믿고, 노력하면 반드시 이룬다는 법칙을 믿어야 합니다.

일곱째는 의혹입니다. '이 일이 과연 괜찮은 것일까?' 하는 의구심과 망설임입니다. 이런 의혹을 넘어서려면 그 일을 처음 시작했을 때의 마음을 떠올리면 좋을 것입니다.

초발심의 순간을 끝까지 지닌다면 이 일의 진행이나 성공한 뒤의 막연함에 대한 의혹은 넘어설 수 있습니다.

여덟째는 위선과 고집입니다. 가장해서는 안 됩니다. 작업 현장에 임하거나 고객을 만났을 때는 진실해야 하고, 자신의 실수와 실패를 솔직하게 인정해야 합니다.

아홉째는 그릇된 방법으로 얻은 이익과 명성입니다. 누구든 성공신화를 이룰 수는 있습니다. 하지만 방법이 그릇되었다면 그것은 실패보다 더 끔찍한 결말을 초래합니다. 실패보다 무서운 것, 그것은 파국입니다. 이익과 명성이 따라오거든 그것이 바르고 선한 동기와 방법으로 찾아왔는지를 항상 먼저 생각해야 합니다.

열째는 자신을 높이고 남을 경멸하는 자세입니다. 내가 무엇입니까? 나는 나를 있게 해준 인연들로만 설명될 수 있는 존재입니다. 아무리 경쟁상대라 해도 그는 나를 살아 있게 하고 살아가게 해주는 인연입니다.

열 가지 장애를 넘어서 가장 완전하고 완벽한 성공을 이룬 부처님, 그 분이 성불 직전에 넘어선 이 열 가지를 잘 기억해 둔다면 분명 당신은 성공할 것입니다. 경전이 그렇게 보장하고 있습니다.

부처님이 들려주는 처세술

젊은이여,

오늘 이 맑은 아침에 그대는 부모님의 유언에 따라 온 세상을 향해 공손하게 기도를 올리고 있구려.

나는 깨달은 자, 붓다요. 그대의 진지한 모습 속에는 세상을 현명하고 알차게 살아가고픈 바람이 담겨 있기에 내가 잠시 걸음을 멈추고 성자들이 전해주는 처세술을 들려주고자 하오. 그대에게 들려주는 이야기에 귀기울여보지 않겠소?

그대는 부자가 되고 싶소? 그렇다면 돈을 모으는 일도 중요하지만 무엇보다도 지금의 재산이 줄어들지 않도록 다음의 여섯 가지를 명심하길 바라오.

첫째, 술에 빠지면 안 되오. 둘째, 노름이나 도박에 시간을 보내지 말아야 하오. 셋째, 방탕한 짓을 하지 말아야 하오. 넷째, 어디 구경거리가 없는가에 정신이 팔려 다니면 안 되오. 다섯째, 악한 벗과 사귀지 말아야 하오. 여섯째, 게으르지 말아야 하오.

그대는 사업상 또는 순수한 교제를 이유로 자주 술자리를 갖게 될 것이오. 하지만 술에 빠지진 말아야 하오. 술에 빠지면 재물이 없어지고, 몸에 병이 생기며, 자주 싸움을 벌이게 되고, 나쁜 이름이 퍼지며, 성품이 사나워지고, 머리가 둔해지오. 만약 그대가 술 마시기를 멈추지 않는다면 그대의 집안 살림은 날로 줄어들 것이오.

노름이나 도박은 절대로 하면 안 되오. 여기에 빠지면 당연히 재산이 날로 줄어들고, 도박에서 이기면 원한을 사게 되고, 현명한 사람들의 비난을 한 몸에 받게 되고, 사람들이 그의 말에 귀 기울이거나 신뢰하지 않게 되고, 사람들이 자꾸만 멀리하게 되고, 결국 남의 재산을 훔칠 마음을 내게 되오. 노름을 그치지 않으면 그의 재산은 날로 줄어들 것이오.

방탕하면 자기 몸을 보호하지 못하고, 재물을 보호하지 못하며, 가족과 자손을 보호하지 못하고, 언제나 깜짝깜짝 놀라고 두려워하게 되며, 항상 온갖 괴로움과 불행이 그를 따라다니며, 허망한 일을 당하게 되오. 방탕한 행동을 그치지 않는 사람의 재산은 날마다 줄어들 것이오.

구경거리에 정신이 팔리면 모임이 있을 때마다 가수를 구하느라 춤꾼을 구하느라 온갖 악기를 구색 맞추느라 시간과 돈을 허비할 것이니 그의 재산은 날마다 줄어들 것이오.

악한 벗과 사귀면 속임수를 배우게 되고, 으슥한 곳만 찾아다니게 되며, 남의 아름다운 사랑을 망치고, 남의 소유물을 탐하게 되고, 재물과 이익만 따라다니게 되며, 남의 허물 들춰내기를 좋아하게 되오.

게으름의 해악은 다음과 같소. 지금 형편이 넉넉하다고 해서 장래를 위해 굳이 일하려 들지 않는 것이오, 지금 가난하고 궁핍한데도 부지런히 일하려 들지 않는 것이오, 추우면 춥다고 일하려 들지 않는 것이오, 더우면 덥다고 일하려 들지 않는 것이오, 때가 이르면 이르다고 일하려 들지 않고, 때가 늦었으면 늦었다고 일하려 들지 않는 것이오. 게으름 피우기를 멈추지 않는다면 그의 집안 살림은 날로 줄어들 것이오.

그대는 어떤 친구를 사귀고 있소?

혹시 누군가 비굴한 모습으로 친하게 지내려 다가온다면 경계해야 하오. 왜냐하면 그런 이들은 자기가 준 것을 반드시 빼앗을 것이오, 적게 주고 많은 것을 그대에게 바랄 것이오, 그대의 세력이 두려워 억지로 친한 척하는 것이오, 자기의 이익만을 위해 친한 체하기 때문이오.

그리고 술을 마실 때에 사귄 사람, 도박할 때에 사귄 사람, 음란한 짓을 할 때 사귄 사람, 유흥가에서 사귄 사람이 친하게 지내자며 다가오거든 경계해야 하오. 그런 자는 그대에게 악한 벗이 되어 반드시 그대에게 손해를 입힐 것이기 때문이오.

그대는 어떤 친구를 사귀고 싶소? 잘못을 그치게 하는 사람, 사랑하고 가엾이 여기는 사람, 남을 이롭게 하는 사람, 고락을 함께하는 사람을 사귀기 바라오. 이런 사람은 그대에게 매우 유익할 것이고, 그대를 구원하고 보호하리니 그대는 서둘러 그런 사람과 친해지려 해야 하오.

남을 이롭게 하는 사람은 상대가 게으르지 않도록 지켜봐주고, 상대가 게을러 재산을 잃지 않도록 보호해주며, 상대에게 어려운 일이 생기지 않도록 지켜주고, 따끔하지만 유익한 충고를 남몰래 건네는 사람이오. 정말 좋은 친구를 사귀고 싶거든 이런 사람을 찾아야만 하오. 이런 사람이라면 어두운 밤길을 비추는 불빛처럼 그대의 삶을 환히 비춰줄 것이오.

젊은이여, 사람은 자기 이름 석 자로만 불리기보다는 누구의 자식, 누구의 부모, 어떤 회사의 직원, 누구의 선배 혹은 후배…라는 관계 속에서 존재하게 마련이오.

부모가 없다면 그대는 세상에 존재하지 않았을 터이니 세상의 인간관계 속에서 부모자식보다 더 소중한 관계가 있을까 모르겠소. 그대가 누군가의 자식이라면 명심해야 할 것이오. 그대는 부모를 받들어 모셔서 부족한 것이 없도록 세심하게 살펴야 하오.

어디를 가거나 무슨 일을 하기에 앞서 항상 부모에게 알려야 할 것이요, 부모가 하는 일을 거스르지 말고 따라주어야 하오. 그리고 부모의 바른 명령을 어기지 말 것이요, 부모가 하던 바른 가업을 끊어지지 않게 해야 하오.

만약 그대가 누군가의 부모라면 자식이 악한 일을 할 때 그냥 넘어가서는 안 되고, 가르치고 타이르되 모범이 되어야 하며, 자식 사랑이 뼛속까지 사무쳐야 하며, 자식에게 좋은 짝을 구해주어야 하고, 자식에게 필요한 것을 적절한 때에 대어주어야 하오.

또한 젊은이여, 만일 그대는 한 여자의 남편이라면 예의를 갖추어서 아내를 대해야 하오. 그리고 위엄을 지킬 것이요, 아내에게 궁핍한 기색이 보이지 않도록 집안경제를 책임져야 하고, 아내가 업신여김을 당하지 않도록 옷과 장신구를 사주어야 하며, 의심하지 말고 아내에게 전적으로 집안일을 맡겨야 할 것이오.

만약 그대가 한 남자의 아내라면 다섯 가지 일을 명심해야 하오. 남편보다 먼저 일어나고 남편보다 나중에 앉으며, 부드러운 말을 건네고 남편의 뜻을 따라주고 남편의 기색을 잘 살펴서 먼저 그 속마음을 알아주어야 할 것이오.

친척들이 화목하게 어울리고 고루 잘 살면 천군만마를 얻은 것보다 더 힘을 낼 수 있소. 친척을 대할 때 다음의 일들을 기억해야 하오. 친척에게는 무조건 베풀어주고, 상냥한 말을 건네며, 이익이 생기면 함께 나누고 속이지 말아야 하오. 그리고 친척이 게을러 재산을 잃지 말도록 보호해주고, 두려운 일이 생기면 적극적으로 지켜주고, 친척의 단점을 일러줄 때도 남 몰래 해야 하며, 절대로 친척을 비난하지 말고 칭찬해주어야 하오.

젊은이여, 그대에게는 학교 은사이거나 집안의 어른이거나 하는 웃어른이 계실 것이오. 그럴 때 그대가 모시는 윗사람이 필요한 것을 대주어야 하고, 공손한 마음으로 모셔야 하며, 존중하고 우러러 받들어야 하며, 윗사람의 가르침을 어기지 말고 따라야 할 뿐만 아니라 그 가르침을 잘 기억해야만 하오.

만약 그대가 누군가의 윗사람이라면 법대로 아랫사람을 잘 길들여야 하고, 아랫사람이 듣지 못한 것을 가르쳐 주어야 하고, 아랫사람이 의문을 품으면 시원스레 해답을 주어야 하고, 좋은 벗을 소개해주어야 하고, 조금도 아까워하지 말고 그대가 알고 있는 모든 기술과 지식을 다 가르쳐주어야 하오.

젊은이여, 그대는 분명 직장을 다니거나 뭔가 일을 하고 있을 게요. 그렇다면 그대에게는 분명 고용주나 직장상사가 있을 터이고 그대는 또 누군가의 상사이거나 선배일 것이오. 만약 그대가 누군가의 고용주거나 직장선배라면 다섯 가지 일을 기억하길 바라오. 아랫사람의 능력을 잘 살펴서 그에 알맞게 일을 주어야 하고, 양질의 식사를 제때에 맞추어 제공해야 하며, 보수를 늦추거나 거르지 말고 제때에 줄 것이요, 고용인이나 직장 후배가 병이 나면 제대로 된 검진을 받게 하고 건강을 회복하게 해야 하며, 몸과 마음의 재충전을 할 수 있도록 휴가를 주어야만 할 것이오.

그리고 그대가 만일 누군가의 고용인이거나 직장 후배라면 그대는 출근시간을 비롯한 모든 약속된 시간을 어겨서는 안 되며, 빈틈없이 일을 처리해야 하고, 그대 노동의 대가가 아니면 다른 몫을 바라지 말아야 하고, 일을 하되 조리 있고 순서에 맞추어 진행할 것이요, 그대의 고용주나 직장선배의 명예를 위해주어야만 하오.

관계 속에서 살아가면서 이런 일들을 다 실천하기 어렵다면 네 가지만은 기억해두기 바라오. 풋풋한 인심으로 항상 상대에게 무언가를 주고, 절대로 사나운 말을 건네지 말고 부드럽고 조리에 맞는 말을 건네며, 언제나 자기보다 상대의 이익을 먼저 생각하고, 함께 일하고 함께 이익을 나누시오.

이 네 가지만 기억한다면 그대가 세상을 살아가는 데에 어려움이 없을 것이요, 설혹 어려움에 처했더라도 그대의 편이 되어주는 이들이 반드시 나타날 것이오.

세상을 살아가는 처세술에 귀 기울여 준 그대에게 한없는 행복이 있기를 바라오.

- 『장아함경』

사람을 다스리는 또 하나의 기술 – 칭찬

한 나라가 있었습니다. 그럭저럭 먹고 살 만한데다 인구 수도 적지 않은 나라였습니다.

그런데 사람들의 품성이 너무나 거칠고 사나워서 온갖 나쁜 일들이 끊이지 않고 벌어졌습니다. 어느 날 마하목건련이 부처님께 말씀드렸습니다.

"제가 그 나라에 가서 사람들을 교화해 보겠습니다."

부처님의 허락을 받고 그 나라로 들어간 목건련은 이내 자신이 배워온 진리의 가르침을 사람들에게 들려주었습니다.

"착한 일을 하십시오. 나쁜 일을 저지르면 그 죄는 헤아리기 어렵습니다."

그런데 그 나라 사람들은 귀 기울이기는커녕 좋은 말을 들려주는 그를 때리고 오히려 더 심하게 욕을 퍼부을 뿐이었습니다. 목건련은 그냥 돌아올 수밖에 없었습니다.

그러자 사리불이 말하였습니다.

"그런 사람들을 교화시키려면 똑똑한 척하지 말고 못난 체하면서 가르침을 들려주어야 합니다."

역시 사리불도 부처님의 허락을 받고 그 나라로 들어가서 자신의 방식대로 사람들에게 일깨움을 주려고 하였지만 실패하고 말았습니다.

마하가섭을 비롯한 제자들이 잇따라 차례로 갔으나 역시 오히려 무시와 비난만 받고 돌아왔습니다.

덕이 높은 스님들이 실패를 하고 돌아오자 아난이 부처님께 말씀드렸습니다.

"아라한 한 사람을 욕하여도 그 죄가 작지 않은데 이토록 많은 큰스님들의 가르침을 거슬렀으니 저 사람들은 이 세상에서 가장 큰 죄를 저질렀습니다. 정말 흉악하기 짝이 없는 사람들입니다."

그런데 부처님은 이렇게 말씀하셨습니다.

"현자들의 가르침을 저버린 죄가 무겁다고는 하지만 보살이 보면 그들은 모두 죄가 없고 깨끗한 사람들이다."

이에 문수사리를 보내어 그 나라 사람들에게 가르침을 베풀게 하셨습니다. 그런데 그 나라로 들어간 문수사리보살은 어떤 사람을 만나더라도 그의 장점을 찾아내어서 그것을 크게 칭찬하였습니다.

"당신은 참 용감합니다."

"당신은 참 건장한 몸을 갖추었습니다."

"당신은 부모님에게 잘 하는군요."

"당신은 기백이 있습니다."

"당신은 지혜롭습니다."

자신들은 원래 포악하고 못된 백성이라는 자괴감에 빠져 있던 사람들은 그때까지 몰랐던 자신들의 장점을 새롭게 알게 되었습니다. 딱딱하게 굳어 있던 사람들의 마음은 봄눈 녹듯 풀어졌고 웃음소리가 흘러나오게 되었습니다.

오래지 않아 그 나라에 사는 사람들은 남녀노소 할 것 없이 상대방의 장점을 찾아내어 칭찬하게 되었습니다. 칭찬을 들은 사람들은 이번에는 문수사리보살을 칭찬하기까지 되었습니다.

"다른 이들은 우리가 못된 사람이라고 지적만 하려 들었는데 이 분은 어쩌면 그리도 우리 속마음을 잘 알아주실까? 이분의 말씀을 들으면 참 행복해."

사람들은 그제야 부처님이라는 성자가 계시다는 사실을 알아챘고 서둘러 그분께 귀의하였습니다. 그런 사람들의 모습을 보며 부처님께서 아난에게 물으셨습니다.

"그대가 말한 그 흉악하고 무거운 죄라는 것이 대체 어디 있는가?"

― 『구잡비유경』

✻

"요즘 청소년들에게는 어떤 문제점이 있을까?"하고 학생들에게 물었더니 아무도 입을 떼려고 하지 않았습니다. 그래서 질문의 방향을 슬쩍 돌려보았습니다.

"요즘 청소년들은 참 재능도 많고 기발하고 아이디어도 신선해. 그런데 너희들의 그 신선하고 힘이 넘치는 세계를 구세대와 공감하려면 어떤 점에 좀 더 신경을 써야 할까?" 하고 물어보았습니다. 잠잠하던 아이들에게서 대답이 쏟아지기 시작하였습니다.

"우리가 먼저 할아버지들에게 대화를 걸어야 한다."

"그 분들도 우리 같은 신세대를 지내온 사람이라는 것을 인정해야 한다."

"우리 세대만의 문자를 몰라도 무시해서는 안 된다."

문수사리보살이 그들에게 없던 장점을 새삼 만들어서 말하지는 않았을 것입니다. '저 중생은 내가 가르쳐야만 해' 라는 생각이 아니라 '저 사람에게는 내게 없는 뭔가가 있다' 는 눈으로 상대방을 바라본 것이 주효하였던 것입니다.

사람에게 다가가고 그 사람을 내 편으로 만드는 아주 멋진 방법, 그것은 바로 '칭찬' 이라는 것을 경전에서도 확인할 수 있었습니다.

타인의 잘못을 지적하는 방법

부처님이 기원정사에 머물고 계실 때의 일입니다.

어느 날 장로 사리불이 부처님께 여쭈었습니다.

"부처님, 만약 수행자가 다른 이의 잘못을 들추려 한다면 어떻게 해야 하겠습니까?"

부처님은 말씀하셨습니다.

"먼저 다섯 가지를 갖추어야 한다.

첫째는 반드시 사실이어야 한다.

둘째는 조언할 때를 잘 알아서 말해야 한다.

셋째는 이치에 합당해야 한다.

넷째는 부드럽게 말해야 한다.

다섯째는 자비심으로 말해야 한다."

"하지만 진실한 말을 했는데도 성을 내는 사람이 있습니다. 그때는 어떻게 해야 하겠습니까?"

"그에게는 그것이 사실이며 자비로운 마음에서 말한 것임을 깨닫도록 해야 한다."

"만약 어떤 사람이 사실이 아닌 것을 사실인 양 말하면 어떻게 해야 합니까?"

"사리불이여, 만약 어떤 강도가 와서 그대를 묶고 그대에게 해를 입히려 한다고 하자. 그때 그대가 강도에게 나쁜 마음으로 욕하고 반항하면 어떻게 되겠는가? 강도는 그대를 더욱 괴롭힐 것이다. 그러므로 그때는 나쁜 마음을 일으키지 말고 나쁜 말을 하지 않는 것이 이익이다.

마찬가지로 누가 사실이 아닌 것을 사실이라고 말하더라도 그에게 나쁜 마음을 일으키지 말라. 원망하기보다는 불쌍한 마음을 일으켜라."

"그러나 진실한 말을 해도 화를 내는 사람이 있습니다. 이때는 어떻게 해야 합니까?"

"만일 그가 아첨을 좋아하고 거짓되며 속이고 믿지 않으며 안팎으로 부끄러워할 줄 모르고, 게으르고 계율을 존중하지 않으며 열반을 구하지 않고 먹고 사는 일에만 관심이 많다면 그와는 함께 하지 않는 것이 좋으리라."　　　　－『잡아함경』

✳

예전에 서울 지하철에서 애완견의 배설물을 치우지 않은

20대 여성의 사진이 인터넷에 올라와 사람들의 관심을 크게 모은 적이 있었습니다. 저도 인터넷을 통해 그 여성의 얼굴까지 자세히 보았을 정도이니 이 사건의 정황과 그 여성의 사진이 전국의 네티즌들 사이에 얼마나 급속도로 번져나갔을지 상상이 갑니다.

생생한 현장 사진 여러 장과 함께 그녀가 주변 사람들과 주고받았던 거친 욕설로 얼룩진 사건 정황을 읽어가자니 마음속에 걷잡을 수 없는 분노가 일었습니다. '어휴, 저걸 그냥…. 내가 그 자리에 있었더라면 가만 두지 않았을 텐데….'

이런 마음이 불끈불끈 치솟는 것을 억누르기가 정말 힘들었습니다. 그 여자의 행위는 그렇게 사람들의 분노를 불러일으키기에 충분하였습니다. 과연 이 사건을 접한 수많은 네티즌들은 저와 똑같이 분노를 참지 못하고 그 사진에 덧글을 달기 시작하였습니다. 하지만 정작 중요한 문제는 이때부터였습니다.

분노를 삭이지 못한 얼굴 없는 대중들에 의해 그 여자의 엉터리 신상명세가 마구 올라오고 그 여자에 대한 무차별 처벌이 가해지기 시작한 것입니다. 앞의 사람이 좀 점잖게 비난의 글을 올렸다 싶으면 그보다 더한 욕으로 덧글을 달았습니다. 그 다음 사람은 그 욕보다 더 심한 욕을 올렸습니다.

그 다음 사람은 더 심한 욕이 생각나지 않아서인지 문제와는 전혀 상관이 없는 그 여자의 신상에 관해서 터무니없는 비방을 가했습니다. 그 비방에 또 다른 이가 욕을 덧붙였습니다.

대체 우리가 중요하고 심각하게 고민했어야 할 사건의 본질은 무엇이었습니까? 사람들 사이의 기본 윤리조차 서지 않은 현실을 고민하고, 공중도덕에 대한 불감증을 반성해야 할 사건이었음에도 불구하고 이와 관련해서는 별로 깊이 있는 의견이 나오지도 않은 채 결국 공중파 뉴스에서 '절제와 에티켓이 없는 네티즌'들을 걱정하는 정도에서만 이 사건은 다루어졌을 뿐입니다.

사람들은 왜 그리 분노하였을까요?

자기가 그만큼 화가 났음을 알리고 싶었던 것일까요?

혹시 뭔가 화풀이할 대상을 찾고 있었던 것은 아닐까요?

저는 이런 일들을 겪을 때마다 타인의 잘못을 지적하는 방법을 일러주신 부처님의 말씀을 항상 떠올리게 됩니다. 잘못한 행동을 한 여인에게 화를 내는 것은 나쁘다고 할 수 없습니다. 그릇된 것은 꾸짖어야 하고 그래서 다시는 똑같은 짓을 하지 못하게 해야 하니까요.

하지만 잘못을 꾸짖는 사람의 마음속에 잘못한 사람을 측

은하게 여기는 마음보다 분노가 먼저 자리 잡게 해서는 절대로 안 됩니다. 문제에 어떻게 접근하고 어떻게 풀어가야 할지 아무런 해답도 찾지 못한 채 그저 자신의 분노에 눈이 어두워져 남도 해치고 나아가 분노의 열기는 결국 스스로를 태우게 될 테니까 말입니다.

*앞에서 인용한 잡아함경은 『부처님은 이렇게 말씀했다』(장승, pp. 126~127)에서 전문 인용한 것임을 밝힙니다.

천사를 만나셨습니까?

○○데이, ○○날이 젊은이들 사이에 화제가 되고 있습니다. 모든 방송에서 아나운서들이 '천사데이' 라고들 하기에 달력을 보니 그날은 10월 4일이었습니다. 1004, '천사' 라는 말이지요. 주위에 눈을 돌려 나보다 딱한 사람이 있으면 천사의 마음으로 그에게 다가가라는 메시지를 담고 있어 다른 이벤트성 날들보다는 한결 그 취지가 건강하게 느껴집니다.

천사(天使)는 말 그대로 하늘의 심부름꾼입니다. 타종교에서는 착한 천사와 악한 천사가 있는데 착한 천사는 신을 찬미하고, 사람이 선행을 하도록 권하고 악을 피하게 해주는 역할을 맡고 있는 것입니다. 그리고 악한 천사는 사탄이지요.

부처님도 천사를 말씀하십니다. 그런데 천사의 성격이 좀 다릅니다. 그건 누구의 심부름꾼도 아니요, 당사자인 인간과 분리되어 있는 존재도 아니기 때문입니다. 게다가 착하고 악하다는 그런 구분도 적용되지 않습니다.

❋

어떤 사람이 죽어서 염라대왕 앞에 끌려갔습니다. 이 사람은 살아생전 착한 일은 거의 한 적이 없어 앞으로 받게 될 과보는 상상만 해도 끔찍합니다. 염라대왕이 그에게 묻습니다.

"그대가 세상을 살면서 그대 앞에 천사가 나타난 적이 있었다. 그대는 천사를 보았는가?"

"아니요. 저는 천사를 본 적이 없습니다."

어쩌면 이 사람은 우리가 요즘 생각하듯이 하얀 날개를 단 곱디 고운 아기천사만을 상상하며 이렇게 대답했을지도 모릅니다. 그런 사람에게 염라대왕이 이렇게 꾸짖습니다.

"너는 세상 사람이 갓난아기였을 때 강보에 싸여 똥 오줌 속에 누워 제 스스로 몸을 가누지도 말할 줄도 모르고, 뭐가 좋고 뭐가 나쁜지조차 모르던 모습을 본 적이 없단 말인가?"

"그런 일이라면 본 적이 있습니다."

"그것이 바로 첫 번째 천사이다. 너는 네 자신도 그런 때가 있었다는 것을 생각해 본 적은 있느냐? 사람은 죽은 뒤에는 자기가 지난 세상에 한 일을 따라서 태어나는 것이다. 비록 그것을 보지 못했다 해도 착한 일을 행해 스스로 그 몸과 입과 뜻을 단정히 했어야 했거늘 어찌하여 방심하고 쾌락에 빠져 일생을 지냈더란 말이냐?"

염라대왕의 심문은 이어집니다.

"너는 세상 남자와 여자들이 나이 들어 머리가 희고 이가 빠지며 등이 굽어 지팡이를 의지해야만 겨우 거동할 수 있는 모습을 본 적이 없었는가? 그것이 두 번째 천사였다.

그리고 너는 세상의 남자나 여자들이 큰 병이 나서 앉아도 힘들고 일어서도 괴로웠으며, 죽을 날이 가까워 두려움이 그를 옥죄어 오지만 병을 고쳐줄 의사를 만나지 못해 고통 받는 것을 본 적이 없었는가? 그것이 세 번째 천사였다.

너는 세상을 살아오면서 사람이 죽으면 살이 허물어지고 뼈가 부서지고 한 줄기 연기와 함께 재로 변하는 모습을 본 적이 없었던가? 그 죽음이 바로 네 번째 천사였다.

너는 세상을 살면서 나쁜 짓을 저지른 죄인이 끔찍한 형벌을 받는 모습을 본 적이 있는가? 그것이 바로 다섯 번째 천사였다.

너는 네 자신도 그처럼 늙어가고 병들고 죽어가며 중죄를 지으면 무거운 형벌을 받을 수 있으리라는 상상을 해보지 못하였단 말인가? 그렇지 않고서 어찌 그리도 착한 일을 하려는 마음을 내지 않고 방심하고 쾌락에 빠져 일생을 보낼 수 있었던가?"

－『중아함경』

❊

이런 부처님 말씀을 접하고 나서 주변을 둘러보니 과연 세상에는 천사로 가득합니다. 태어남이라는 천사, 늙음이라는 천사, 병이라는 천사, 죽음이라는 천사, 형벌이라는 천사… 아마 이런 천사들의 모습을 보고 가장 큰 충격을 받은 분은 석가모니 부처님일 것입니다. 왕위도 가족도 버리고 황황히 출가를 하셨으니까요.

생로병사라는 천사와 무관한 생명체는 단 하나도 없습니다. 가까운 친척에서부터 이웃들, 그리고 저 멀리 떨어진 대륙에서 벌어지는 일들과 사람들 하나하나에, 심지어 내 몸에조차 이 천사는 깃들어 있습니다. 세상이 참 덧없고, 그 덧없음은 나와 무관한 것이 아니라 내 몸에서도 틀림없이 벌어지는 법칙임을 뼈저리게 느끼고 깨닫는다면 우리는 절대로 이토록 악다구니를 쓰며 살아갈 수 없습니다.

천사의 모습을 보고도 느끼는 것이 없어서 날마다 악업만일삼는다면 나중에 쓰디쓴 과보가 돌아올 때 그 누구를 탓할 수도 없고 오직 제 스스로 그것을 받아야 한다고 경에서는 경고하고 있습니다. 그렇다면 365일 중 어찌 10월 4일 단 하루만천사의 날이라 하겠습니까? 태어나서 마지막 호흡을 거두는 그 순간까지 날마다 천사의 날임을 잊지 말아야 하겠습니다.

불자가 무슨 술이냐구요?

불자들 중에는 주위사람들에게 술이나 한잔 하자고 건넸을 때, '네? 불자가 무슨 술이냐'는 핀잔을 한두 번쯤은 들으셨을 겁니다. 저 역시 마찬가지입니다. 그런 이야기를 들었을 때 영 겸연쩍습니다. 사실 부처님도 재가인들 술 마시는 것을 정말 걱정스러워하셨습니다.

"만일 사람이 술을 먹고 방탕하면 여섯 가지 걱정 근심이 있는 줄 알아야 한다. 첫째는 현재의 재물을 없애고, 둘째는 병이 많이 생기며, 셋째는 싸움이 많아지며, 넷째는 비밀이 탄로 나며, 다섯째는 남들이 칭찬하거나 보호하지 않고, 여섯째는 지혜를 없애고 어리석음이 생긴다. 사람이 술을 먹고 방탕하면 사업을 경영하지 못하고, 사업을 경영하지 못하면 아무도 함께 그와 일을 하려 하지 않을 것이요, 아직 얻지 못한 재물은 얻을 수 없고, 본래 있던 재물은 자꾸 없어진다."

-『중아함경』

아닌 게 아니라 신문을 장식하고 있는 그 무시무시한 사건 사고들 중 상당수가 술이 원인이 되어 벌어진 것이라는 점을 저도 잘 알고 있습니다. 술이라는 것! 병 속에 들어있을 때는 그저 아무 것도 아닌 것이건만 어째 사람들 몸속으로만 들어가면 꼭 사건을 만들어내는지 모르겠습니다. 부처님도 그래서 5계 가운데 살생, 도둑질, 사음, 거짓말의 네 가지 금지조항들은 그 자체가 이미 죄악이어서 성계(性戒)라 부른 반면 음주 항목만큼은 차계(遮戒)라고 하시면서 술 그 자체는 죄악이 아니나 죄악의 원인을 짓는다고 말씀하셨지요.

『법원주림』에도 보면, "술 마시는 것이 죄악은 아니나 그러면서도 그것은 죄악의 원인을 짓는 일이 된다. 과일 나무를 심으면 반드시 동산과 담장을 세워야 하는데, 사람이 술을 마시면 착하지 않은 문을 열게 되어 선정(禪定)과 모든 착한 법을 막아 버리니, 술 마시는 일이란 마치 동산도 담장도 없는 과일나무와 같다"라고 말하고 있습니다.

❋

부처님 당시에 아주 신통이 뛰어난 장로가 있었습니다. 그의 이름은 선래(善來). 그는 워낙 신통력이 뛰어나 한 마을을 위협하던 무시무시한 용왕을 무릎 꿇고 삼귀의와 오계를 지니게 하였습니다. 선래 장로의 무용담이 전해지자 마을사람들이 모두 몰려나와 그를 찬양하면서 이렇게 말했습니다.

"존자님, 갖고 싶은 게 뭡니까? 뭐든 말씀하십시오. 다 구해 드리겠습니다."

그런데 정작 당시 항상 말썽을 부리던 육군비구들이 이렇게 참견하였습니다.

"여러분, 출가한 사람은 비둘기 깃털 술을 얻기 어려운데 이 분은 지금 그것을 마시고 싶어 하오. 만일 그 술을 이 장로님에게 바치면 그것은 참으로 영광스러운 일이 될 것이오."

마을 사람들은 자기 집으로 돌아가 비둘기 깃털 술을 준비했습니다. 그리고는 앞 다투어 선래 장로를 제 집으로 모시고 가서는 극진하게 술을 대접하였지요. 성의를 뿌리칠 수도 없었고 귀하기도 한 술이었던지라 주는 대로 마신 선래 장로는 술에 잔뜩 취하고 말았습니다.

그리고 성문을 나오려다 의식을 잃고 문가에 큰 대자로 쓰러지더니 급기야 잠꼬대까지 하게 되었습니다. 그런데 공교롭게도 부처님에게 이런 꼴을 보이고 말았습니다. 부처님 마음이 어땠을까요?

"비구들이여, 이 장로를 부축해서 가자."

비구들이 장로를 부축해서 동산으로 데리고 가서 부처님

발아래에 눕혔습니다. 그런데 장로는 술기운을 이기지 못해 몸을 뒤척이다가 두 발이 부처님께로 향하게 되었습니다. 그러자 부처님께서 물으셨습니다.

"비구들아, 선래 장로가 평소 내게 가졌던 예의가 지금도 있는가?" "지금은 없습니다."

"저 무서운 용을 항복시킨 자가 누구였던가?"

"선래 장로였습니다."

"그런데 지금이라면 물속에 사는 도마뱀이라도 항복받을 수 있겠는가?"

"그럴 수 없을 것입니다."

부처님은 이 일로 말미암아 마신 뒤에 의식을 잃게 하는 술을 먹어서는 안 된다는 계율을 제정하셨습니다. 『본생경』 「음주품」에 실린 이야기입니다.

이제부터는 술잔을 비우기 전에 꼭 다짐하십시다.

"만약 이 술을 마신 뒤에 부처님과 마주친다면…. 부처님의 그 명징한 눈빛 앞에서도 부끄럽지 않을 정도로만 술잔을 비우자."

이렇게 말입니다. 아셨지요?

'운명'을 믿습니까

몇 해 전 십여 명의 한국인과 일본인이 대화를 나눈 적이 있었습니다. '운명', '운명을 어떻게 생각하는가' 가 주제였습니다. 한국인들은 이구동성으로 '운명' 이란 "앞으로 어떻게 살아가야 할지 미리 정해진 것"이라고 대답하였고 참 많은 사람들이 "운명은 있는데 나는 운명을 믿지 않는다"라고 덧붙였습니다. 그에 대해 일본인은 "내가 일본인으로 태어난 것이 바로 운명이다. 그래서 나는 운명을 거역할 수 없다"라고 말하였습니다.

한국의 청년들은 '운명' 이라는 것은 '지금 내게 닥친 것은 아니지만 언젠가는 닥치고야 말 정해진 프로그램' 이라고 보고 있었습니다. 그리고 그 운명은 아무리 거대한 힘을 가졌다 해도 바뀔 수 있는 것이고, 바꾸어야만 한다고 생각하는 듯하였습니다. 반면 그 일본인은 운명이란 이미 시작되었고, 이미 시작된 만큼 운명은 믿고 안 믿고, 바꾸고 말고 할 차원의 것이 아니고, 그 속에서 나는 마음껏 나의 행복을 추구하며 살아가는 것이라고 보고 있었습니다. 물론 양쪽의 대답이 두 나라 국민의 의식을 대변한다고는 단언할 수 없지만 '운명'이라는 것에 대한 기본개념부터 그토록 달랐던 것이 인상적이었습니다.

그런데 사람들은 '운명'에 대해 상당히 이중적인 생각을 품고 있다는 느낌이 강하게 들었습니다.

'운명'이 진짜로 존재한다면, 지금 현실의 나를 규정짓고 그렇게 살도록 지배하는 프로그램에 의해 내가 진짜로 그렇게 살아지고 있다면, 믿지 않아도 나는 그렇게 살아질 것이고, 믿어도 그렇게 살아질 것입니다. 이 현실은 그저 내가 전생에 지은 악업의 과보를 받는 형장일 뿐이요, 그런 형장에 묶인 수감자는 '나는 이렇게 살아야지, 나는 저렇게 살아야지' 하는 의지를 낼 필요도 없고, 또 내지도 않을 것입니다. 애초부터 정해져 있는데 뭣 하러 의지를 일으키고 노력을 하겠습니까?

심지어는 내가 살인을 저지르거나 추악한 성범죄를 저지른다 해도 나에게 그 죄를 물어서도 안 됩니다. 왜냐하면 내가 그런 마음을 낸 것도 다 전생에 지은 업보로 그리 정해져 있는 것일 뿐이기 때문입니다. 진짜 운명이 정해져 있고 그것이 나의 현재와 미래를 결정한다면 말입니다.

하지만 현실을 보십시오. 사람들은 운명이 정해져 있네, 신의 뜻이네 하면서 왜 어떤 일에 대해서는 그 책임을 현재의 그 사람에게 묻는 것입니까? 이미 모든 게 정해져 있다면서 왜 굳이 뭔가를 하려드는 것입니까? 현재 사람들이 뜻을 일으키고 있는 이 모습, 이 노력, 이 책임추궁을 어떻게 설명할 것입니까? 지금 열심히 미래를 만들어가면서도 운명이 정해져 있다고 주장하는 이 모순을 어떻게 설명하겠습니까?

사주팔자를 보거나 전생을 궁금해 하는 것은 현실을 타개하고 싶은 마음에서입니다. 현실이 잘 풀려나가는 사람은 사주풀이나 운명 같은 것을 거론하지 않습니다. 일이 안 풀리기 때문에 그런 것에 의존하는 것인데, 뜻한 바대로 일이 풀리면 자신의 의지에 스스로 대견해 합니다.

그러나 일이 풀리지 않으면 그 사람은 '나는 그렇게 살게 되어 있다', '내 운명이 그렇게 정해져 있다'라며 위로합니다. 마치 양손에 떡을 쥔 아이처럼 사람들은 한쪽 손에는 운명을, 다른 한쪽 손에는 자기의 의지를 쥐고서 그때그때 편리한 대로 들이밀고 있는 것입니다.

또 사람들은 내가 현실에서 어떻게 행동하느냐에 따라 미래는 달라지고 팔자가 바뀐다고들 말합니다. 하지만 바뀐다면 그게 팔자입니까? 내 힘으로 변화시킬 수 있다면 그게 운명입니까? 어쩌면 애초부터 정해진 운명이나 팔자는 존재하지 않는 것은 아닐까요?

부처님은 당시 종교와 사상을 크게 셋으로 분류하였습니다. 이 세상 모든 것의 원인은 신에 의해 만들어졌고, 신이 미래까지 좌지우지한다는 것(존우화작인론), 이 세상은 전부 전생의 각본대로 펼쳐지고 움직인다는 것(숙작인론), 세상의 사람이나 사물은 모두 아무런 인연 없이 그저 우연히 생겨나고 흘러가고 흩어지는 것(무인무연론)이라는 세 종류의 그릇된 사상입니다. 이 셋에 대한 부처님의 지적은 간단합니다.

"그렇다면 내가 현재 악업을 짓거나 죄를 짓는다면 그건 다 신에 의해 또는 과거에 지은 바에 의해 일어난다고 해야 하리니 누구에게 죄를 물을 것인가. 그리고 이것은 해야 한다, 해서는 안 된다는 의욕도 일어나지 않을 것이며, 또 노력이라는 것도 있을 수가 없을 것이다." — 『중아함경』

현재의 내가 어떤 뜻을 일으키느냐에 따라 나의 미래는 펼쳐집니다. 내가 다른 이와 어떻게 조화를 이루며 함께 업을 짓느냐에 따라 우리의 미래는 천상이 될 수도 있고 지옥이 될 수도 있습니다. 있지도 않은 운명에 그 미래를 걸지는 말아야겠습니다.

사람들은 내가 현실에서 어떻게 행동하느냐에 따라

미래는 달라지고 팔자가 바뀐다고들 말합니다.

하지만 바뀐다면 그게 팔자입니까?

내 힘으로 변화시킬 수 있다면 그게 운명입니까?

어쩌면 애초부터 정해진 운명이나 팔자는

존재하지 않는 것은 아닐까요?

진리의 바다에서
삶을
충전하다

왜 불안할까요?

왜 인간은 매순간순간 자기가 살아있다는 것을 확인하지 않으면

불안한 것일까요? 그것은 그렇게 하지 않으면

자기가 없는 것같이 느껴지기 때문일 것입니다.

죽은 사람이 되어버릴까 두려워서 말입니다.

부처님은 '왜 인간은 두려워하고 괴로워하는가'에서부터

사색을 시작하신 분입니다. 그 이유를 냉철하게 따져 들어갔더니

열두 번째 단계에서 '어리석음'을 발견하였습니다.

그리고 그 어리석음은 다른 것에 대한 어리석음이 아니라

자신의 진짜 모습을 제대로 보지 못하는 어리석음이요,

그 어리석음이라는 것은 바로 내 속에 들어있다는 사실도

아울러 밝혀낸 분입니다.

세상의 독기를 마신 부처님

부처님께서 왕사성에 계실 때의 일입니다.

하루는 성 안의 다른 종교인들이 대책회의를 벌였습니다. 부처님을 믿는 이들이 점점 많아지자 자기들에게 돌아오는 보시물이 눈에 띄게 줄어들었기 때문입니다. 그들은 극약처방을 내렸습니다.

"우리를 독실하게 믿는 시리굴 장자더러 부처를 집으로 초대하게 합시다. 집안에 큰 불구덩이를 만들어 부처와 그 제자들이 발을 집안으로 내딛는 순간 타죽게 하면 됩니다. 그리고 음식 속에는 독을 넣어서 불구덩이를 피하더라도 그것을 먹는 순간 숨통이 끊어지게 만듭시다."

시리굴 장자는 그들이 시키는 대로 한 뒤에 부처님을 자기 집으로 초대했습니다. 부처님은 묵묵히 그 청을 받아들였습니다.

약속한 날이 되자 부처님은 제자들을 거느리고 장자의 집으로 향하셨습니다. 성에 살고 있는 사람들 사이에는 이미 소문이 파다했습니다. 그들은 부처님을 필사적으로 말렸습니다. 하지만 한번 약속한 일은 절대로 취소하지 않는 것이 부처님의 법이기에 부처님은 오히려 그들을 달래주며 장자의 집으로 들어서셨습니다. 다만 출발하기에 앞서 이렇게 제자들에게 당부하셨습니다.

"너희들은 나보다 앞서가지 말고, 나보다 먼저 음식을 먹지 말라."

장자의 집 앞에 도착하신 부처님. 막 발을 들어 문턱 위에 올려놓는 순간 불구덩이는 저절로 맑은 물이 가득 찬 못으로 변하였고 아름다운 연꽃들이 피어올랐습니다. 부처님은 가볍게 허공으로 날아올랐고 허공을 밟은 자취마다 연꽃이 피어났습니다. 부처님은 뒤를 돌아보고 제자들을 향해 연꽃을 밟고 들어오도록 일렀습니다.

시리굴 장자는 눈앞에서 벌어진 기적에 입을 다물지 못하였습니다. 그제야 자신이 얼마나 무시무시한 음모에 넘어갔는지를 깨달은 장자는 이내 부처님 앞에 무릎을 꿇고 눈물을 흘리며 사죄하였습니다.

"제발 저를 용서해 주십시오. 과거의 잘못을 고치고 미래를 닦겠습니다. 죄인 줄 알면서 부처님을 해치려 하였습니다."

부처님의 용서를 받긴 했지만 시리굴 장자는 다음 일이 더 걱정이었습니다. 자리에 앉은 부처님과 스님들에게 올려야 할 음식에 전부 독이 들어 있었기 때문입니다. 그는 부처님께 사실대로 고백하고 이렇게 청하였습니다.

"잠시만 기다려 주십시오. 제가 다시 음식을 만들어서 올리겠습니다."

그러자 부처님은 말씀하셨습니다.

"여래와 제자들은 결코 남의 해침을 받지 않는다. 그대는 이미 마련해놓은 음식을 차려내 오너라."

장자가 떨리는 손으로 독이 든 음식을 내오자 부처님은 조용히 게송을 읊으셨습니다.

"성스러운 부처와 법과 승가는 세상의 독기를 죽인다. 세상의 독이란 탐욕과 성냄. 그러나 여래에게는 영원히 독기가 없으니 성스러운 삼보는 독기를 죽인다."

이렇게 게송을 읊고 나서 그 음식을 드셨습니다. 하지만 독이 든 음식은 부처님과 그 제자들의 몸에 들어가 아무런 해를 일으키지 않았습니다. 이런 과정을 지켜본 시리굴 장자는 부처님께 나아가 이렇게 말하였습니다.

"차라리 부처님께 독을 베풀어 큰 과보를 얻을지언정 그릇된 견해에 빠진 자들에게 단 이슬을 주어 그 죄를 받지는 않겠습니다."

– 『증일아함경』 「마왕품」

158

✻

세상에는 탐욕과 성냄이라는 독이 있습니다. 그런데 이 세상이 얼마나 극악스러운지 적당히 그 독에 면역이 되어야 버틸 수 있을 정도입니다. 순수하고 온화한 정신으로는 세상을 끝까지 살아가기가 여간 어렵지 않습니다. 그렇다고 세상을 버리지는 못합니다. 결국 모든 이들이 적당히 욕심과 성냄에 물들고 타협을 하고 살아갑니다. 나도 당신도….

독이 든 음식을 기꺼이 삼킨 부처님은 오히려 독기를 품었던 이를 교화할 수 있었고, 혼돈의 뱀이 내쏜 독이 세상에 퍼지기 전에 죄다 삼켜버린 청경관세음보살은 얼굴과 목이 파랗게 변한 것으로 그만이었습니다.

그런데 요즘 세상은 누군가 한 사람이 세상의 욕심과 만용을 질타하고 인간답게 살자고 하소연해도 도대체 가슴을 열고 들어주지 않습니다. 싸우려고만 들지 '한번 들어나 보자'라면서 좋은 가르침에 귀 기울일 생각을 하지 못합니다. 성현들이 이 세상에 출현하여도 세상의 독기에 그만 그 빛을 잃지나 않을까 참 걱정스럽습니다.

똥치기 부처님

'오늘 아침 공양은 이 청년에게서 받아야겠구나.'

부처님은 발우를 들고서 천천히 청년의 집으로 향하셨습니다. 청년은 멀리서 부처님이 자기 집 쪽으로 오시는 것을 보고 깜짝 놀랐습니다. 있을 수 없는 일이었습니다. 왜냐하면 그 청년의 신분은 전다라 즉 가장 낮은 계급이었기 때문입니다. 설상가상으로 그는 똥치는 일을 하며 근근이 생계를 이어 가고 있었습니다. 천한 계급의 사람들에게 절대로 다가가지도 않고 그림자조차도 서로 겹치지 않는 것이 예나 지금이나 인도 사회의 관습이었던 것입니다.

그런데 부처님이 자기 집으로 걸어오시는 것이었습니다. 청년은 자기 모습이 너무 창피하여 부처님을 피해 다른 골목으로 서둘러 들어갔습니다. 하지만 부처님은 어느 사이 그 앞으로 가서 마주 서셨습니다.

'내가 메고 있는 이 똥통에서는 추악한 냄새가 나는데 어

떻게 부처님을 뵐 수 있으랴?'

그는 다시 부처님을 피해 숲으로 달아났습니다. 하지만 너무 서두르다가 그만 통을 놓치고 말았습니다. 통이 깨지자 순식간에 오물이 땅에 쏟아졌고 청년은 땅 주인의 매서운 질책을 들을까 겁이 나 다시 달아나려 하였습니다. 그러자 부처님께서 말씀하셨습니다.

"나는 지금 일부러 너 때문에 왔는데 자꾸 어디로 가려 하느냐?"

청년은 고개도 들지 못한 채 대답하였습니다.

"제 몸이 더러워 감히 부처님을 가까이할 수 없기 때문에 피하려고 하였을 뿐입니다. 부처님은 제가 누구인지 모르십니까? 저는 어려서 부모를 잃었고 친척도 처자도 없는 외톨이입니다. 게다가 저는 똥을 치며 하루하루 살아가고 있는 천하기 그지없는 신분입니다. 그런데 대체 부처님께서는 이런 저에게 무슨 하실 말씀이 계신지 모르겠습니다."

그러자 부처님께서 말씀하셨습니다.

"따라오라. 너를 제도해 사문을 만들리라."

청년은 귀를 의심했습니다. 천민에게는 신앙생활이 허용되지 않았기 때문입니다. 하물며 수행자가 된다는 것은 상상조차도 할 수 없는 일이었습니다.

부처님은 곧 신통의 힘으로 그를 갠지스 강으로 데려가 악취가 풍기던 몸을 깨끗하게 목욕시키셨습니다. 이제 한 사람의 어엿한 수행자로 다시 태어난 청년은 어느 날 가만히 생각하였습니다.

'나는 빈천한 사람으로 태어났으나 다행히 조그만 복이 있어 진리의 맛을 보게 되었다. 만일 지금 스스로 도를 구하지 않으면 뒷날에는 보잘것없는 범부에 떨어져 지금보다 더한 고통을 받을 것이다.'

그리하여 스스로 마음을 가다듬고 부지런히 수행한 끝에 열흘이 못 되어 번뇌를 완전히 끊어버린 성자가 되었습니다.

－『출요경』

❋

처음 이 경을 읽었을 때 부처님께서 똥치기 청년에게 "너 때문에 왔다"라고 말씀하신 뜻이 무슨 그리 큰 의미가 담겨 있으랴 하고 지나쳤습니다. 그저 '부처님은 모든 사람을 평등하게 대하셨구나' 정도로만 생각하였습니다. 그런데 현대 인도불교의 중흥자라 불리는 '암베드카르(1891~1956)'에 대한 책을 읽자니 '천민인 똥치기에게 다가간' 부처님의 행위가 얼마나 엄청난 사회적 반향을 불러일으키는 일이었는지 새삼 알게 되었습니다.

불가촉천민 즉 접촉해서 안 되는 천민에 대한 인도 사회의 차별은 상상을 초월합니다. 부처님 돌아가신 지 2천년이 지나도록 불가촉천민은 마을의 우물물도 마실 수 없었고, 성전 읽는 소리를 듣기라도 하면 그 귀에 끓는 쇳물을 들이부어도 죄가 되지 않았다고 합니다.

암베드카르가 학생시절, 칠판의 문제를 풀러 나갔을 때 교실의 학생들이 모두 난리가 났었습니다. 칠판 뒤에 쌓아둔 자신들의 도시락이 부정이 탄다는 이유 때문이었습니다. 그가 고생 끝에 실력 있는 변호사가 되었을 때조차도 사환은 음료수를 주지 않았고 바닥의 카페트를 밟고 지나가면 부정 탔다며 걷어냈다고 합니다.

아예 인간으로서의 자격이 원천적으로 박탈당한 불가촉천민. 그들은 다가올 수도, 내 쪽에서 다가가서도 안 되는 더러운 '것'에 지나지 않았습니다.

지금 우리 사회 한 켠에서는 갈등과 대립의 행태가 끊임없이 벌어지고 있습니다. 바위보다 더 굳은 관습을 깨고 '그'를 위해서 다가간 부처님도 계신데 저들은 왜 '상대'를 위해 다가가려 하지 않는지 안타깝고 또 안타깝습니다.

덧없다, 참 덧없다 1
-연화색 비구니의 출가 인연 이야기

옛날 성안에 연화라는 이름의 아름다운 여인이 살고 있었는데 매춘부였습니다. 얼마나 자태가 고운지 그 나라에 살고 있는 내로라 하는 집안의 자제들은 그녀와 하루를 보내는 것을 최고의 영예로 삼을 정도였습니다.

그런데 어느 날 문득 연화에게 착하게 살고 싶은 마음이 솟구쳤습니다.

'출가하여 스님이 되면 여생을 착하게 살 수 있을 거야.'

연화는 부처님 계신 곳을 향해 길을 나섰습니다. 그런데 도중에 샘물을 만났고 자신도 모르게 허리를 굽혔습니다. 그러자 샘물에 여전히 빼어나게 아름다운 자신의 모습이 비쳤습니다. 순간 연화는 '아차' 싶었습니다.

'대체 내가 무슨 생각을 했던 걸까? 이 세상에 태어나서 이렇게 아름답기도 쉽지 않은데 왜 이런 미모를 버리고 사문이

되려 하였지? 한 살이라도 젊을 때 마음껏 즐기고 출가 같은 건 뒤에 다시 생각해보자.'

이렇게 생각하고서 발길을 돌렸을 때 부처님께서 연화를 교화하시려고 그녀보다 더욱더 아름다운 여인을 변화로 만들어 내었습니다. 그리고 두 여인을 샘물 가에서 마주치게 하였습니다. 두 여인은 이내 벗이 되었고, 연화는 눈부시게 아름다운 여인에게 이런저런 자신의 속마음을 털어놓았습니다. 귀를 기울이며 듣고 있던 그 고운 여인은 몹시 졸린 듯 연화의 무릎을 베고 누웠습니다. 그리고 이내 아름다운 눈을 감고 잠이 드는 순간 갑자기 이 여인은 숨이 끊어지고 말았습니다.

그러자 그토록 아름답던 여인의 모습은 달라지기 시작했습니다. 백옥 같던 얼굴은 부풀어 올랐다가 썩어 문드러져 구역질이 날 정도의 악취를 풍기기 시작하였고 그 곱고 팽팽하던 배는 부풀었다 터지더니 벌레가 기어 나왔습니다. 이빨은 빠지고 머리털이 떨어졌고 사지는 고스란히 허물어져 흩어지고 말았습니다.

연화는 자신의 무릎을 베고 누운 이 여인의 주검을 보자 말할 수 없는 공포를 느끼고 말았습니다.

'이것이 진짜 조금 전의 그토록 아름답던 여인이란 말인가! 어쩌면 이렇게 덧없게 되었는가! 그토록 곱던 여인도 이

런 모습을 보이고 말았으니 내가 어찌 영원한 아름다움을 보
장받을 수 있으랴. 이제 다시 부처님에게 나아가 가르침을 청
하고 부지런히 수행하자.'

연화가 다시 마음을 고쳐먹은 것을 확인하신 뒤에 부처님
은 이렇게 말씀하셨습니다.

"사람이 믿지 못할 네 가지 일이 있다. 첫째는 젊은이도 결
국은 노인이 된다는 사실이다. 둘째는 건장한 이도 마침내 죽
음으로 돌아간다는 사실이다. 셋째는 일가친척이 한데 모여
즐겁게 살다가도 결국은 헤어질 수밖에 없다는 사실이다. 넷
째는 아무리 태산처럼 재산을 쌓아둔다 해도 결국은 다 흩어
지고 만다는 사실이다."

- 『법구비유경』

❋

몇 년 전 12월 26일 지구 역사에 대재앙으로 기록될 끔찍
한 자연재해가 남아시아에서 일어났습니다. 현재 15만 명이
넘는 사람들이 목숨을 잃었고 헤아릴 수 없이 많은 사람들의
행방이 묘연해져 있는 상태입니다. 텔레비전에서 매일 보여
주는 그 참혹한 순간들은 아무리 보아도 저에게는 실제로 벌
어진 일이라고 믿겨지지가 않았습니다.

희생된 사람들 중에 애틋한 사연이 없는 이가 누가 있겠습니까? 우리 나라 희생자들의 사연을 듣자면 눈시울이 뜨거워집니다. 그들에게 그 지역은 파라다이스였고, 유토피아였기 때문입니다. 그들은 그곳에서 지친 몸과 마음을 쉬고 싶었고 부부간의, 혹은 가족간의 사랑을 확인하고 싶었고, 부모님에게 마지막 효도를 하고 싶었던 것입니다.

하지만 저는 그 재앙의 현장으로 달려간 사람들의 이야기가 더 충격이었습니다. 그들은 시신을 밟고 다녔다거나 시신이 부패해서 더 이상 신원확인은 어려울 것이라거나 부패한 시신에서 나는 악취로 견디지 못하겠다는 소식을 우리에게 전해주었습니다.

이런 말은 뭘 의미하는 것일까요? 사고 직후에는 그나마 여전히 아름답고 싱싱한 모습을 가족들의 가슴에 남겨주더니 하루 이틀 지나면서 시신은 이제 전염병을 일으키고 악취를 풍기는, 빨리 처리해야 할 '고민덩어리'가 되었다는 것을 말해주는 것이 아니겠습니까? 그토록 귀하고 존엄했던 존재가 어찌 숨이 끊어지자마자 한 순간에 그토록 가치를 상실할 수가 있습니까? 그리고 그런 길을 저 역시도 피할 수 없다는 생각을 하자니 비감을 금할 수 없었습니다.

그나마 살아난 사람은 어떻게든 살려야 한다는 세계 각국의 숭고한 구호의 손길이 있어 덧없는 세상을 조금이라도 살맛나게 해주고 있습니다.

하지만 이 대재앙을 통해서 확인할 것이 '따스한 구호의 손길'만은 아닐 것입니다. 저 절세가인이 연화에게 보여준 그 무상의 이치를 우리는 지금 15만 건이나 되는 실례를 통해서 눈으로 확인한 셈입니다.

"재앙이 갑자기 찾아오니 피할 길도 없느니라. 귀천을 가리지 않고 일단 죽으면 몸이 썩어 없어지니 속절없이 아낀들 무슨 소용이 있으랴"라는 「자비도량참법」의 메시지가 예사롭지 않습니다.

덧없다, 참 덧없다 2
– 부처님의 엉뚱한 감탄

경전을 읽을 때마다 좀 아쉬웠던 점이 있었습니다.

그건 다름 아니라 부처님께서 세상의 아름다움을 찬미한 내용이 그다지 없다는 것입니다. 지금으로부터 2,500년 전의 인도땅이라면 풍광이 얼마나 아름다웠겠습니까? 공해도 전혀 없었고 콘크리트 투성이의 살풍경한 도시도 없었을 것입니다. 게다가 요즘 우리들이 그토록 부르짖는 자연주의이니 웰빙이니 하는 것들이 조금도 인위적인 힘을 띠지 않고 곳곳마다 고스란히 펼쳐져 있었을 텐데 말입니다.

그나마 저녁해가 토해놓은 노을로 붉게 타오르는 상두산의 풍광을 바라보는 경을 발견하였습니다만, 부처님은 엉뚱하게도 이렇게 '감탄' 하십니다.

"보라, 세상은 불타고 있다. 사람도 저와 같이 불타고 있다. 눈이 타고 색이 탄다. 귀가 타고 소리가 탄다… 무엇 때문에 이렇게 불타고 있는가. 탐욕과 성냄과 어리석음 때문에 불타고 있다."

–『잡아함경』

❀

자연에 묻혀 계절의 추이를 노래하면서 그에 은근히 깨달음을 향한 납자의 마음가짐을 실어보는 수행자들의 멋진 글귀가 세상을 감동시키는 요즘의 서정으로 볼 때 부처님은 멋도 없고 아름다움도 모르는 분이심에 틀림없습니다.

하지만 지구 곳곳에서 전해오고 있는 자연재해 소식들은 이런 저의 생각이 얼마나 용렬하였는지를 단번에 일깨워줍니다.

『기세경』이라는 좀 길이가 긴 경이 있습니다.

이 경에는 세계에 대해서 이렇게 설명하고 있습니다.

"세계에는 헤아릴 수 없이 되풀이되는 네 가지 현상이 있다. 그것은 바로 세계의 머묾, 세계가 머문 뒤에 파괴됨, 세계가 파괴된 뒤에 다시 생김, 세계가 생긴 뒤에 머묾이다. 이렇게 세계가 이루어졌다가 무너지는 일은 헤아릴 수 없이 되풀이되고 또 되풀이된다."

이런 되풀이되는 일련의 과정은, 이루어지고(成), 그 상태로 잠시 머물다가(住), 파괴되고(壞), 그렇게 파괴된 뒤에 텅 비고 만다(空)는 성주괴공의 네 가지 모습으로 요약하여 설명하기도 합니다. 그렇다고 해서 일회성은 아니라는 것입니다. 이런 현상이 쉬지 않고 반복하고 있다는 것입니다.

사람에게는 생로병사라는 네 가지 모습이 있다는 사실을 누구도 부인할 수 없습니다. 백년도 채 살지 못하는지라 조금만 주의를 기울이면 주변에서 그런 모습들을 쉽게 찾아볼 수 있기 때문입니다.

하지만 생성과 소멸의 주기가 인간에 비해 말할 수 없이 긴 우주의 차원으로 눈을 돌려보면 사정이 달라집니다. 하루살이 같은 인간들은 그래서 자신들에게는 찾아볼 수 없는 영원성을 툭하면 자연에 견주었던 것 같습니다.

하늘만큼 땅만큼 사랑한다거나 사군자의 기상을 배워야 한다거나 세상이 무너져도 변절하지 않는다거나(이 말은 그만큼 세상이 영원하다는 뜻이기도 하겠습니다) 태산 같은 믿음을 품었다거나 혹은 물처럼 바람처럼 걸림 없는 삶을 살자고 노래하였으니까요. 이 얼마나 짧고 얕은 식견의 소치요, 얼마나 현란한 세 치 혀끝의 장난입니까?

"나면 죽지 않는 자가 없으며, 천지에는 무너지고 없어지지 않는 것이 없다. 어리석은 사람은 천지가 영원한 것이라 여기지만 부처는 천지가 허공과도 같은 줄 알고 있다. 천지도 성패(成敗)가 있거늘 몸을 버리지 않는 자는 또 어디에 있겠는가."

                                     - 『불반니원경』

   부처님께서 그토록 아름다운 자연을 찬미하지 않은 이유는 바로 우주의 이런 긴 주기를 한눈에 보셨기 때문입니다.

   부처님의 눈에 비친 세상은 "매우 크고 넓으나 대문은 꼭 하나뿐이고, 그 안에 1백 명, 2백 명 내지 5백 명의 사람들이 살고 있는데 너무나 낡아서 벽과 담은 무너지고, 기둥뿌리는 썩었으며, 대들보는 기울어져 위태롭게 생겼으며 설상가상으로 갑자기 사방에서 불이 나 전체가 한창 타오르고 있는 집(『법화경』「비유품」)"일 뿐이었습니다.

✲

   자전과 공전을 쉬지 않는 지구의 모습을 들여다보십시오. '지구'라고 한 마디로 쉽게 표현하고는 있습니다만 그 속에는 인간을 제외하고도 얼마나 많은 생명체와 에너지들이 담겨 있습니까? 그것들은 잠시도 쉬지 않고 달라지고 변해가며 무너지고 새로 만들어지면서 우리를 담고 있는 그릇 노릇을 하고 있습니다.

   그 속에 담겨 있는 중생들 역시 잠시도 쉬지 않고 태어나서

172

늙어가고 무너지고 있거늘 제 마음에 들지 않는다고 성을 내고 제 마음에 든다고 애착을 하면서 하루하루를 보내고 있습니다. 금이 가고 구멍이 난 그릇에 담긴 채 여전히 유토피아를 찾아다니고 샹그릴라를 지도에 새겨 넣으려고 혈안이 되어 있습니다. 16세기 초 영국인 정치가 토마스 모어가 일러주었던 유토피아가 본래 '세상 어디에도 존재하지 않는 곳'이라는 의미임을 알면서도 말입니다.

부처님은 이런 중생들이 얼마나 가여웠을까요? 삼계가 불타오르는 집이라는 탄식을 토해내신 것을 보면 '이 중생들은 제 몸과 지구에 얼마나 더 무상한 일들이 펼쳐져야 그런 미련과 무지를 떨칠 수 있을꼬' 하는 깊은 안타까움이 생생하게 전해져 옵니다.

어쩔 수 없는 범부의 속성

어떤 사람이 광야를 가다가 어마어마하게 큰 코끼리를 만나 쫓기게 되었습니다. 그는 코끼리의 기세에 놀라 미친 듯이 달아났지만 광야에는 몸을 숨길 곳이 없었습니다. 그러다 마침 우물 하나를 발견하였습니다. 그는 안에 있는 나무뿌리를 찾아내어 그것을 잡고 우물 속으로 내려가 숨었습니다.

'이제 살았다!'

안도의 한숨을 내쉬다 문득 고개를 들어 위를 쳐다보았습니다. 아, 그런데 이게 웬일입니까? 자기가 매달려 있는 나무뿌리를 검은 쥐와 흰 쥐 두 마리가 갉아 먹고 있는 것이 아니겠습니까? 그는 자기도 모르게 우물 바닥을 내려다보았습니다. 그런데 바닥에는 커다란 독사 세 마리가 그가 떨어지기만을 기다리고 있고 설상가상으로 우물 벽에는 독사 네 마리가 똬리를 틀고 그를 노리고 있었습니다.

그렇다고 사나운 코끼리가 날뛰고 있는 저 위로 다시 올라

갈 수는 없는 일입니다. 그야말로 진퇴양난이요, 목숨은 바람 앞의 촛불과 같은 신세였습니다. 때마침 어디선가 홀연히 바람이 불어와 위태롭게 나무뿌리에 매달려 있는 그를 사정없이 흔들었습니다.

그런데 그 바람에 나무에 매달려 있던 벌집에서 꿀 다섯 방울이 그의 입안으로 떨어졌습니다. 얼마나 달콤하던지 꿀맛에 취하여 그는 자기가 절체절명의 위기에 놓인 것도 잊어버리고 말았습니다.

– 『빈두로위우타연왕설법경』

✻

너무나도 유명한 비유 이야기입니다. 지금 우리의 삶은 바로 저 우물에 매달린 사내와 다를 바 없습니다. 생사의 막막한 광야를 헤매다 어쩌다 인간의 몸을 받고 살아가고 있습니다만 그것으로 안심할 수 없다는 것입니다. 아침저녁으로 시간은 목숨을 갉아 먹어 가는데 위를 보아도, 아래를 보아도, 그 옆을 보아도 나를 편안하게 살아가게 해줄 것이라고는 하나도 없고 온통 덧없고 괴로운 것들뿐입니다.

바로 여기에서 사람들은 둘로 나뉩니다.

어떤 사람은 괴로움에 몸부림치다가도 입 속으로 떨어지는 다섯 방울의 달콤한 꿀에 속아 넘어갑니다. 그리하여 자기가 지금 얼마나 괴롭고 힘든 지경에 빠져 있는지를 죄다 잊어버리고 마는 것입니다.

그런데 어떤 사람은 달콤한 꿀이 입 속으로 떨어져도 절대로 자기의 처지를 잊지 않습니다. 자기가 지금 얼마나 괴로운 상태인지를 직시하고, 이 우물 속에서 죽더라도 언젠가는 또다른 우물 속에서 똑같이 괴로운 처지에 놓이게 될 것을 잘 알고 있는 사람입니다.

전자는 어리석은 범부중생이고, 후자는 진정한 행복을 찾아 나선 수행자요, 불보살입니다. 범부중생은 괴롭다고 몸부림치면서도 눈앞의 쾌락에 정신이 팔려 괴로움을 해결하려고 생각하지 않는 사람입니다. 하지만 괴로운 현실을 제대로 안다면 어떻게든 생사의 광야에서 벗어나기 위한 근본적인 대책을 마련하게 될 것이요, 그리하여 다시는 괴로움을 반복하지 않을 것입니다. 후자가 바로 그러한 사람입니다.

사람들은 흔히 "인생이란 괴로운 것이다, 그러니까 괴로움을 주는 대상에게도 집착하지 말고, 괴롭다는 생각에도 집착하지 말고, 괴로움을 벗어나려고도 집착하지 말고 마음을 내려놓아야 한다. 이것이 불교다"라고들 말합니다.

그러나 절대로 그렇지 않습니다. 경전을 아무리 뒤져보아도 그런 식의 부처님 가르침을 본 적이 없습니다. 현실적으로 내가 괴로운데 어떻게 그 괴로움에 집착하지 않을 수 있단 말입니까? 괴롭다면, 그것이 진실로 괴롭다면, '그 괴로움의 원인을 알아내어라', 그래서 '괴로움을 끊도록 노력하라'는 것이 부처님의 가르침입니다. 괴로움은 참고 견뎌야 하는 것이 아니라 그 원인을 알아서 잘라내야 하는 것입니다. 괴로움의 원인을 잘라내는 것이 바로 여덟 가지 바른 수행법[八正道]입니다.

자연재해의 경우, 해마다 거의 비슷한 시기에 닥치는 경우가 많습니다. 여름철이면 수해를 당해 우리 이웃들은 그 귀한 목숨을 잃거나 평생 힘들게 모은 전 재산을 고스란히 물길 속에 떠내려 보내고 맙니다. 자연의 법칙은 정확한 것이어서 충분히 예상하고 대비할 수 있는데 왜 해마다 사람들은 똑같은 재난을 당하고 괴롭다고 울부짖는 것일까요?

진짜 괴롭다면 다시는 반복되지 않도록 근본적인 대책을 세워야 합니다. 그런데 우리는 자연재해의 원인인 인간의 이기심과 탐욕은 살짝 가려두고 임시방편, 땜질처방, 전시행정으로 눈 가리고 아웅하려고만 합니다. 내년에도 틀림없이 누군가가 물에 휩쓸려 죽고 어느 산간마을이 매몰될 것이 뻔한데 입속의 꿀 몇 방울에 취하여 괴로운 처지에서 벗어날 줄 모르는 범부의 속성을 어찌해야 좋을지 모르겠습니다.

우란분절에 '재'를 올리는 뜻

'제사'가 아니라 '재'입니다

대체로 사람들은 가정이 화목하고 자식들이 잘 되기를 바라는 마음에서 종교의 세계를 두드립니다. 그리고 예로부터 조상을 숭배하는 풍습이 생활에 중요한 자리를 차지하고 있던 터라 세상을 떠난 조상님들을 좋은 곳으로 가시게 빌어드리면 대신 내가 바라는 소망이 이루어진다고 믿어왔습니다.

그러다 보니 다소 부담이 되더라도 비용을 내어서 조상님의 천도를 빌면 내 정성을 조상님이 몰라라 하지는 않을 터이고 이런 마음이 절에서 7월 보름에 열리는 우란분재[百中]에 고스란히 쏟아집니다. 그래서 흔히 백중을 조상님께 제사 드리는 날이라 생각합니다.

그런데 백중날 절에서 올리는 의식은 '제사'가 아니라 '재'입니다. 재(齋)는 '공손하고 삼가다'라는 뜻입니다. 어떤 간절한 소망이 있으면 깨끗이 몸을 씻고 종일 잡다한 일들을

피하고 출입을 삼갑니다. 그리고 가장 깨끗한 몸과 마음으로
정신을 산만하지 않게 하고 근신합니다. '재'에는 이런 뜻이
담겨 있습니다.

조상과 아귀는 무슨 관계인가

경전에서는 목련 존자의 어머니가 살아 생전 남에게 밥 한
톨도 줄 줄 모르는 너무나도 인색한 사람이었기 때문에 아귀
(굶주린 귀신) 세계에 가서 났다고 합니다. 목련 존자가 어머니
를 구제하려고 도움을 청하자 부처님이 7월 15일 하안거를
마치는 날에 승가에게 깨끗한 음식을 올리라고 방법을 가르
쳐준 데에서 우란분재는 시작되었습니다.

아귀는 쁘레타(preta)라는 말을 번역한 것인데 '쁘레타'는
나보다 먼저 살다간 사람, 죽은 사람을 가리킵니다. 즉 조상
이지요. 고대인도에서는 세상을 떠난 조상은 자손이 제공하
는 음식물을 기다리며 살고 있다고 여겼고 이것이 불교에 들
어와서 저승에 간 조상에게 음식을 제공하는 의식으로 자리
잡게 된 것입니다(불교어대사전, 중촌원 지음, 162쪽).

살아서 선업을 잘 지었다면 굳이 남(자손)의 도움을 기다리
지 않아도 맘껏 즐거움을 누릴 수 있는 천상세계로 가거나 또
는 인간으로 다시 태어나 제 힘으로 열심히 살아갈 것이요,

살아서 악업만을 지었다면 지옥세계에 떨어져 배고픔을 느낄 사이도 없이 고통을 받거나 축생세계에 떨어져 천대를 받으며 제 힘으로 먹을 것을 찾아 종일 들판을 헤맬 것입니다.

하지만 대부분의 중생들은 선업과 악업을 적당히 섞어 지으며 살아갑니다. 그리고 죽어서도 제 힘으로 먹을 것을 구하지 못하고 어쩌다 산 자의 공양을 받아도 욕심이 앞서 그만 죄다 잃고 맙니다. 배불리 먹고 싶고 행복해지고 싶은 열망이야 남 못지않지만 욕심이 항상 그에 앞지르니 오직 고통 속에서만 신음하는 것이 아귀세계이며, 지금 살아 있는 우리의 다음 세상의 모습이기도 한 것 같아 섬뜩합니다.

왜 하안거 마치는 날 천도할까

그렇다면 쇠털같이 많은 날 중에 왜 하안거 마치는 날에 재를 올리는 걸까요? 기억할 것은, 조상에게 음식을 올리지 않고 욕심과 성냄과 어리석음을 없앤 청정한 승가에게 음식을 제공하는 것이라는 점입니다.

음력 7월 15일은 하안거를 마치는 날입니다. 이날 스님들은 안거 기간 동안 자신의 몸과 마음에 티끌만큼이라도 그릇된 점이 없었는지를 스스로 돌아보고 반성하거나 또는 도반의 지적을 달게 받고 참회하는 '자자(自恣)'라는 의식을 거행

합니다. 치열한 석 달의 용맹 정진을 마치고 참회의식까지 끝내었으니 7월 보름인 우란분절은 승가가 일 년 중에 지혜의 힘이 가장 깊고 강하며 윤리적으로 깨끗한 날입니다.

이렇게 상서로운 날, 깨끗한 믿음을 가진 재가자들이 승가에 '한 턱'을 내지 않을 수 없습니다. 하지만 그 '한 턱' 속에는 세상에서 가장 간절한 소망을 담습니다. 바로 나를 이 세상에 있게 해준 내 부모님과 조상님들의 행복을 바라는 마음입니다.

"현재의 부모는 백세가 되도록 병 없이 사시고, 모든 괴로움과 근심이 사라지며, 7세의 부모님은 아귀의 고통을 떠나서 천상이나 인간 세상에 태어나 한없이 복과 즐거움을 누리게 되기를 바랍니다."   – 『불설우란분경』

우란분절은 조상님께 제사를 지내며 복을 비는 날이 아니라 계를 지키며 삼가는 날입니다. 승가의 높은 덕을 기리고 공양을 올리는 날입니다. 그리고 내게 깊은 사랑을 베풀어준 부모님과 조상님이 진리의 세계로 한 걸음 나아가기를 승가의 청정한 힘을 빌려 간절히 비는 보은의 날입니다.

최초의 사판승 아난, 조건을 내걸다

부처님은 딱 누구라고 말씀은 하지 않았지만 마음속에는 아난 존자를 점찍어두고 계셨습니다.

이제 서서히 노년에 접어든 부처님.

누군가 곁에서 항상 함께 있어드리며 사소한 일상의 일들을 챙겨드리고 거대해진 승단의 업무를 매끄럽게 처리할 사람이 필요할 때가 되었습니다. 사실 그 동안 몇 사람이 시자 노릇을 하긴 했지만 들쭉날쭉하여 부처님이 오히려 불편할 때도 있었던 것입니다.

부처님의 마음을 알아챈 목련 존자는 스님들을 거느리고 아난 존자에게 갔습니다.

"아난 존자, 알고 계십니까? 부처님께서 존자를 시자로 삼고 싶어 하십니다. 그러니 그 마음을 헤아려 부처님의 시자가 되어 주십시오."

부처님의 시자가 된다는 것은 인간과 천신의 스승인 최고 어른의 비서실장이 된다는 것이니, 이 얼마나 큰 광영이겠습니까? 나 같으면 조금도 지체하지 않고 그러겠노라고 대답을 했을 것입니다. 그런데 아난 존자는 이렇게 말하였습니다.

"목련 존자시여, 저는 그 일을 감당할 수 없습니다. 왜냐하면 모든 불세존은 모시기 어려울 때에 시자를 두시기 때문입니다."

부처님에게 힘이 남아돈다면 시자는 필요 없습니다. 하지만 시자를 필요로 한다는 말은 이제 일을 쉬이 처리하기에 힘이 부치신다는 뜻이 될 터이고, 그렇다면 그 시자는 상당한 능력이 있어야 부처님의 의중을 간파하고 원만하게 일을 처리할 것입니다. 출세간의 스승과 세속의 잡다한 업무와 사람들을 매끄럽게 이어줄 사람! 아난 존자가 시자가 된다면 그런 막중한 직책을 감당해내어야 했던 것입니다.

이 일이 얼마나 엄청난 것인지를 알아차린 아난 존자가 정중하게 거절한 것은 어찌 보면 당연한 일일지도 모릅니다. 하지만 목련 존자는 아난 존자를 설득하고 또 설득하였습니다. 결국 아난 존자는 세 가지 조건을 내세웠습니다.

"부처님께서 저의 세 가지 소원을 들어주신다면 저는 세존의 시자가 되겠습니다.

첫째, 저는 부처님께서 공양 받은 새 옷을 입지 않겠습니다.

둘째, 따로 청한 부처님의 공양을 먹지 않겠습니다.

셋째, 뵈올 때가 아니면 부처님을 뵙지 않겠습니다."

이 소원을 부처님께 여쭙자 부처님은 흔쾌히 수락하셨습니다. 그리하여 아난 존자는 부처님의 시자가 되어 부처님께서 반열반에 드실 때까지 아무런 잡음 하나 들리지 않게 원만히 부처님의 시자노릇을 감당해내었습니다. 아난 존자는 깨달음을 향한 자신의 수행마저도 잠시 늦추고 부처님께 봉사하고 대중에게 이바지하였습니다.

그런 아난 존자가 부처님께서 열반하실 때에 슬픔에 잠겨 차마 곁에 있지 못해 모습을 감춘 적이 있습니다. 부처님은 사람들에게 아난 존자를 불러오라 하셔서 그를 격려하신 일이 있는데 이 대목을 읽을 때면 언제나 가슴이 뭉클해집니다. 그때 부처님은 이렇게 말씀하셨습니다.

"울지 말아라, 슬퍼 말아라. 너는 나를 모시면서 몸과 입과 뜻의 행이 착하였다. 처음부터 두 마음이 없어 나는 한없이 안락하였다. 과거와 미래의 그 어떤 부처님도 너만한 시자를 두진 못하였으리라." 　　　　　　　　　　　　　　－『중아함경』

※

'이판사판'이라는 말이 불교에서 나온 말임은 여러분도 아실 것입니다. 출세간의 진리를 추구하며 오롯하게 수행의 길을 걸어가는 사람을 이판승이라고 한다면, 그런 수행자의 본분을 떠나지 않으면서도 세속에서 수도자와 일반인들이 원만하게 어울리며 살아갈 수 있도록 모든 업무를 처리하는 사람을 사판승이라고 할 것입니다. 그렇다면 아난 존자가 최초의 사판승이 아닐까 감히 단정을 지어봅니다.

나를 위해 법을 설하신다는 즐거운 착각

– 효과적으로 법문 듣는 법

초심자를 위한 강의를 하러 다니는 저 역시도 공부를 게을리 해서는 안 되겠기에 훌륭한 선생님들의 강의를 들으러 다닙니다. 그런데 매번 강의를 들을 때마다 깜짝 깜짝 놀랍니다.

내가 질문을 하지도 않는데 선생님은 내 머릿속에 들어와 보기라도 했는지 내가 그토록 궁금해 하던 내용들을 아주 족집게처럼 집어서 명쾌하게 설명을 해주기 때문입니다.

그럴 때 느끼는 그 짜릿함은 이루 말할 수가 없을 정도입니다. 어떨 때는 지금 저 선생님의 강의는 오직 나를 위해서 베풀어지고 있다는 생각을 할 정도입니다. 다음번 강의가 기다려지는 것은 두말 할 나위가 없습니다.

부처님의 제자들도 그렇게 생각했다고 합니다.

부처님은 그저 덤덤하게 법문을 들려주고 계시는데 그 가르침을 듣는 중생들은 '지금 부처님은 오직 나를 위해서 법문을 설하고 계신다' 라며 기쁘게 생각하고 있다는 것입니다.

물론 부처님의 가르침이 훌륭하기 때문에 듣는 사람들이 그런 '착각' 을 하는 것일 테지요. 그렇지만 법문이나 강의를 듣는 사람에게 뭔가 궁금하거나 묻고 싶은 것이 하나도 없었다면 과연 법문을 들으면서 그런 기쁨을 느낄 수 있을까요?

부처님은 이렇게 말씀하셨습니다.

"사람의 지혜를 없애는 두 가지가 있다. 하나는 나보다 나은 이에게 묻기를 좋아하지 않는 것이요, 다른 하나는 그저 잠에만 빠져 정진할 뜻이 없는 것이다. 그렇지만 또 사람에게 큰 지혜를 이루게 하는 두 가지가 있으니 하나는 다른 사람에게 이치 묻기를 좋아하는 것이요, 다른 하나는 잠을 탐하지 않고 정진할 뜻을 가지는 것이다." -『증일아함경』

나보다 나은 이에게 이치 묻기를 좋아하고, 잠자는 데에 집착하지 않으면 그 사람은 지혜로운 사람이 될 수 있다는 것입니다. 결국 졸지 말고 자꾸 물어보라는 말이 됩니다.

서양의 학자도 질문에는 일곱 가지 힘이 있다고 말합니다.

"질문을 하면 답이 나온다. 질문은 생각을 자극한다. 질문을 하면 정보를 얻는다. 질문을 하면 통제가 된다. 질문은 마음을 열게 한다. 질문은 귀를 기울이게 한다. 질문에 답하면 스스로 설득이 된다."   -「질문의 7가지 힘」 도로시 리즈 지음*

✳

아함경과 같은 초기 경전을 보면 부처님과 제자들 사이에는 숱하게 질문과 대답이 오갑니다. 묻고 대답하고 되묻고 대답하고…. 같은 내용을 몇 번이나 문답으로 주고받은 뒤에는 밖에 나가서 전혀 딴소리를 하는 바람에 부처님이 그 제자를 불러들여 "내가 언제 그런 말을 했느냐"라고 따져 묻는 일도 있을 정도입니다.

제자들은 하루 종일 부처님의 말씀을 생각하고 또 생각해서 질문거리를 만들어냅니다. 그리고 해가 져서 선선한 바람이 불어오면 부처님 앞으로 모여 앉아서 이렇게 묻곤 합니다.

"부처님, 아까 좌선을 하다가 이런 것이 궁금해졌습니다."

그리고서 낮 동안 궁금했던 점을 풀어놓은 뒤에 부처님의 설명이 베풀어지면 소중히 받아 지닌 뒤에 또 다음날 종일 그 대답을 곰곰이 생각하는 것입니다. 그렇게 스스로 질문을 일으키고 대답을 생각하고 다시 스승이나 선배에게 질문을 토해내고 답을 듣는 과정을 통해서 그들은 성자가 되어갔던 것입니다.

'집착과 번뇌를 버리는 일'과 같은 것은 그렇게 깊이 생각을 해나가는 과정 속에서 자연스레 이루어지는 일이었습니다.

요즘 시중에는 참 많은 법문들이 쏟아져 나오고 있습니다.

그야말로 현대인들은 법문의 홍수 속에서 살아간다고 해도 지나치지 않습니다.

조금만 관심을 가지면 사방에서 홍수처럼 콸콸 쏟아지고 있는 스님들의 법문과 불교학자들의 강의를 조금도 어려움 없이 다 내 것으로 만들 수 있습니다.

그런데 여전히 사람들은 불교를 잘 모르겠다고 하소연합니다. 아무리 들어도 무슨 소리인지, 어떻게 살아야 한다는 말인지, 딱 한 마디로 불교란 무엇인지… 도통 모르겠다고 울상을 짓는 분이 많습니다. 그건 각자의 가슴속에 물음표를 지니고 있지 않기 때문입니다.

진짜 자신이 무얼 궁금해 하는지 먼저 그 질문부터 스스로에게 던져보시기 바랍니다. 질문을 해야 답이 찾아지고, 길이 보입니다. 질문을 안고 법회에 참석하는 순간 스님의 법문은 다른 누구도 아닌 오직 나만을 위해 열려진 피안으로 향하는 지름길임을 확인하실 것입니다.

* 『어느 독서광의 생산적 책읽기 50』 안상헌 지음, 북포스, p.55에서 재인용하였음.

안거, 그 뒤에는…

부처님께서 가비라위 국 니구 율원에 계실 때의 일입니다.

그 때 신앙심이 깊은 마하남은 이런 소문을 들었습니다.

"많은 비구들이 식당에 모여서 세존을 위해 가사를 짓고 있다. 세존께서 머지않아 석 달 동안의 안거를 마치고 가사가 다 지어지면, 가사를 입고 발우를 들고 인간 세상을 유행(遊行:각지를 돌아다니며 설법 교화하는 것)하실 것이다."

마하남은 가슴이 털컥 내려앉았습니다. 그는 서둘러 부처님 계신 곳을 찾아가서 이렇게 말씀드렸습니다.

"세존이시여, 저는 지금 온 몸에 힘이 빠져 어찌할 바를 모르겠고 눈앞이 캄캄해집니다. 예전에 들었던 가르침도 하나도 생각나지 않습니다. 조만간 안거를 마치면 부처님은 비구스님들이 지은 가사를 입고 세상을 유행하실 것이라고 들었기 때문입니다. 이제 헤어지면 저는 언제나 지금처럼 부처님과 친한 스님들을 만나 뵐 수 있을까요?"

그러자 부처님께서 마하남에게 말씀하셨습니다.

"설령 세존을 보거나 세존을 보지 않거나, 친한 비구들을 보거나 보지 않거나 간에 그대는 오직 다섯 가지 법을 생각하고 부지런히 노력하고 닦아 익혀야 한다.

마하남아, '바른 믿음을 가져라. 계를 완전하게 갖추어라. 가르침을 열심히 들어라. 항상 베풀어라. 지혜를 완전하게 갖추어라.' 이 다섯 가지를 위주로 신앙생활을 하여라.

그리고 여기서 한 걸음 더 나아가 이 다섯 가지에 의지하여 여섯 가지 생각하는 법[六念處]을 닦아야 한다. 여섯 가지란 어떤 것인가?

첫째는 여래를 생각하는 일이다. 여래를 생각할 때에는 여래에게 열 가지 이름이 있음을 자세하게 기억하고 생각하여라.

둘째는 법을 생각하는 일이다. 여래가 가르친 법을 자세하게 기억하고 생각하여라.

셋째는 승가를 생각하는 일이다. 수행을 충실히 한 수행자를 기억하고 생각하고, 그들이 어떤 수행을 하였는지, 그들에게는 어떤 덕목이 있는지를 기억하고 생각하여라.

넷째는 계를 생각하는 일이다. 생명 있는 자들을 해치지 말고, 주어지지 않은 것은 갖지 말며, 그릇된 욕망에 빠지지 말고, 거짓말을 하지 말고, 술을 마시지 말아라. 이 다섯 가지

계를 언제 어느 때라도 기억하고 생각하여라.

다섯째는 보시를 생각하는 일이다. 보시를 하면 인색함을 버리게 된다는 것을 알고, 보시란 자신에게 가장 중요한 것을 자기에게 베푸는 것임을 기억하고 생각하여라.

여섯째는 하늘을 생각하는 일이다. 선업을 짓고 선정을 닦으면 하늘에 태어난다는 것을 기억하고 생각하여라.

거룩한 제자로서 앞의 다섯 가지와 뒤의 여섯 가지를 잘 이루면 배운 자취가 남아서 결코 부패하지 않을 것이다. 그래서 잘 알고 볼 수 있으며 잘 결정되어 감로문에 머물 것이다."

– 『잡아함경』

❋

석 달 동안 마하남은 참 행복했을 것입니다. 안거 중인 수행자에게 음식을 베푼다는 것은 참으로 큰 공덕이었기 때문입니다. 게다가 부처님께서 자기 마을에서 안거하셨으니 석 달 동안 부처님은 온통 '자기 차지'가 되어 수시로 법을 묻고 공덕을 쌓았을 것입니다. 그런데 안거가 끝나 부처님이 떠나시면 이제 누구에게 법을 묻고 어떤 수행을 해야 할지… 그의 난감함이 고스란히 전해옵니다. 우리도 이제 막 동안거를 마쳤기 때문입니다.

종래 안거는 출가한 스님들의 전유물이었습니다. 하지만 요즘은 재가불자들도 적극적으로 참가하고 있습니다. 석 달 동안 스님들의 일과와 거의 다르지 않게 참선을 하는 이들도 많아졌고 기도를 올리거나 또는 염불과 절 수행도 하는 등 그 나름대로 열심히 수행을 하고 있습니다. 재가자들의 새로운 신행모습을 만날 수 있어 반갑기 그지없습니다.

그런데 석 달 동안이야 약속한 기간인지라 입승스님의 매서운 경책도 있고, 정해놓은 규칙이 있어 어떻게든 수행을 이어갈 수는 있었습니다만 따지고 보면 석 달 뒤의 나날이 문제입니다. 꽉 짜여진 일정에서 풀려나 자칫 공들여 쌓아온 수행의 탑을 무너뜨리기 쉽기 때문입니다. 이런 우려를 예감이라도 하셨는지 종정스님께서는 "결제는 스승이 손을 잡아주는 것이요, 해제는 스스로가 스스로를 의지해서 걸어가는 것"이라는 동안거 해제 법어를 베푸셨습니다.

스스로를 의지해서 걸어가는 것이 뭘까 궁금하시면 앞에서 말씀드린 『잡아함경』의 가르침을 떠올리시기 바랍니다. 열한 가지 사항들이 여러분의 등불이 되고 안내자가 되어 감로문 앞까지 인도해 드릴 것이요, 그렇게 열한 가지를 스승삼아 석 달을 지내다 보면 어느 사이 구슬땀 속에서 수행의 참맛을 알게 해줄 하안거 입제가 우리를 기다리고 있을 것이기 때문입니다.

놓친 기차는 아름답지 않다 1
- 인연 없는 중생은 구할 수 없다

어느 날 아난 존자는 부처님을 모시고 가다가 사위성으로 들어가는 길가에서 어떤 불쌍한 할머니를 만났습니다. 온화한 성품의 아난 존자는 그 할머니를 보는 순간 더할 수 없는 연민의 마음이 일어났습니다. 그는 부처님께 청하였습니다.

"부처님, 제발 저 할머니에게 다가가 주십시오. 부처님의 몸에는 32가지 뛰어난 특징이 있습니다. 그리고 반듯하고 빛이 납니다. 그런 부처님을 뵙게 되면 저 할머니는 더 할 수 없는 기쁨을 일으킬 것이요, 그러면 마음이 열려서 부처님의 법문을 듣게 될 것입니다."

그런데 의외로 부처님은 이런 대답을 하셨습니다.

"저 할머니는 나와 만날 준비가 되어 있지 않구나."

하지만 아난 존자는 할머니가 가엾다는 생각에 거듭 부처님께 청하였고 부처님은 그런 아난 존자의 청에 못 이겨 할머니 곁으로 다가갔습니다.

　그런데 참으로 묘한 일이 벌어졌습니다. 부처님이 할머니 앞으로 다가가자 그녀는 고개를 뒤로 돌렸습니다. 마치 뒤에서 누가 다급하게 부르는 소리라도 들었다는 듯. 이번에는 부처님이 할머니의 시선이 향해 있는 뒤쪽으로 다가갔습니다. 그러자 갑자기 할머니는 고개를 다시 앞으로 돌렸습니다.

　부처님은 오른쪽으로 다가갔습니다. 할머니는 머리를 왼쪽으로 돌렸습니다. 부처님이 왼쪽으로 다가갔을 때 할머니는 오른쪽을 향해 돌아앉았습니다.

　할머니는 고개를 들어야 할 때에 숙였고, 숙여야 할 때에 고개를 들었습니다. 부처님이 몇 번이나 다가가서 그녀와 눈을 맞추려 하였건만 끝내 할머니는 두 손으로 제 눈을 가리고 말았습니다. 도대체 부처님을 보려 하지 않았습니다.

　"내가 더 이상 무슨 인연을 지을 수 있겠느냐? 소용없다."

　할머니의 곁을 떠나면서 부처님은 이렇게 조용히 탄식을 하였습니다.　　　　　　　　　　　　　　　　　　　　　-『대지도론』

✽

　이 글을 읽으면서 할머니와 부처님의 모습을 떠올려보았습니다. 안타까움이 잔뜩 담긴 시선으로 다가서는 부처님. 그리고 아무런 기대도 설렘도 없이 덤덤히 이리저리 시선을 돌리는 할머니.

인연이 빗겨가도 이렇게 빗겨갈 수 있을까요? 옷깃만 스쳐도 인연이라는데, 하다못해 왜 이렇게 자꾸 앞을 가로 막느냐며 손사래라도 쳐서 부처님과 어떤 빌미라도 마련했으면 얼마나 좋았을까 하는 부질없는 상상도 해보게 됩니다.

✳

세상에는 가장 불쌍한 여덟 종류의 삶이 있다고 말하고 있습니다.

지옥과 축생과 아귀에 사는 삶, 장수하고 행복이 넘쳐나는 장수천(長壽天)과 변지(邊地, 웃타라쿠루)에 사는 삶, 신체기관에 너무나 큰 장애가 있는 삶, 세속의 잡다한 지식에 마음이 꽉 차서 살아가는 삶, 부처님이 계시지 않는 시대에 태어난 자의 삶이 그것입니다. – 『유마경』

이 여덟 가지 삶이 왜 불쌍한가 하면, 고통이 너무 모질거나 행복이 너무 넘쳐나서 또는 너무 많은 이론이나 그릇된 견해들에 꽉 차 있어 그 마음에 손톱만큼의 여백도 남아 있지 않아 부처님과 같은 성자들의 귀한 말씀이 귀에 들리지 않기 때문입니다. 그러나 이 여덟 가지 삶은 그렇다고 칩시다. 현실적으로 감내해야 할 일들이 너무 커서 그런 걸 어떡하겠습니까?

무엇보다도 안타까운 일은 부처님이 다가갔지만 저 할머니처럼 아예 의식조차 하지 못하거나 심지어는 푸대접하고 외면하는 경우도 경전에는 이따금 등장한다는 사실입니다.

『묘법연화경』에서는 부처님이 지금까지 듣지 못했던 가장 멋진 이야기를 들려주겠다고 해도 5천 명이나 되는 사람들이 그 자리에서 떠나가고 있지 않습니까?

그런데 이런 일들을 보면 마음속에는 어김없이 두 가지 궁금증이 떠오릅니다.

첫째는 대체 부처님이 어떤 존재냐 하는 것입니다. 솔직히 말씀드리면 부처님을 몰라도 한평생 사는 데 큰 문제는 없습니다. 근데 부처님을 만났을 때 법문 좀 듣지 않았기로서니 뭐 그리 엄청난 행운을 놓친 양 호들갑을 떠느냐 이겁니다.

둘째는 그렇게 훌륭한 말씀이라면 왜 부처님은 외면하거나 떠나가는 사람들의 옷자락이라도 부여잡고 설득하고 강제로라도 들려주지 않았는가 하는 것입니다.

놓친 기차는 아름답지 않다 2
- 가장 바쁘고 급한 일이 무엇일까?

"당신은 누구십니까?"

부처님이 종종 사람들에게 받은 질문입니다.

아마 제일 먼저 이런 질문을 받은 때는 보리수 아래에서 세상으로 걸어나오던 그날일 것입니다.

우파가라는 남자가 길을 가다가 막 깨달음을 이룬 부처님을 만났는데 너무나도 맑고 편안하고 담담한 모습에 자기도 모르게 합장을 하고 물었습니다.

"세상 사람들은 모두가 먹고 사느라 안달복달 애면글면 제 속을 태워서 표정이 일그러지고 어두운데 당신은 대체 어떤 사람에게 좋은 말씀을 들어서 그리도 평화로워 보입니까?"

"나는 번뇌라고 하는 원수를 지혜의 칼로 항복시키고, 괴로움에 빠진 사람들을 구제하려는 붓다입니다."

우파가는 '나는 붓다' 라는 부처님의 대답에 이렇게 대꾸

합니다.

"아, 그러세요? 그럼, 이만. 나는 지금 바쁜 일이 있어서…."

− 『불소행찬』

만약 그가 바쁜 일 모두 접어두고 대체 뭘 깨달았기에 붓다라고 하는지를 자세하게 물었다면 그의 삶은 크게 달라졌을 것입니다. 가장 '따끈따끈한' 깨달음의 소식을 챙긴 세상에서 가장 행복한 사람이 되었을 것이기 때문입니다.

우파가보다 더 안타까운 사람도 있긴 합니다.

❊

어떤 80세 노인이 있었습니다. 이 노인은 평생을 쓰고도 남을 큰 재산을 가지고 있었으면서도 인색하고 완고하였습니다. 게다가 집을 증축하느라 여념이 없었지요. 평생의 역작이라도 만들어내려는 듯 노익장을 과시하며 어마어마한 대저택의 공사를 손수 지휘 감독하였습니다.

부처님께서 어느 날 가만히 살펴보시다 이 노인의 수명이 그날 하루뿐인 걸 알아차리셨습니다. 얼른 달려가셨지요.

"노인장, 얼마나 고생스럽습니까? 이 집은 누가 살려고 이렇게 화려하게 짓고 있습니까?"

노인은 자랑스럽게 대답하였습니다.

"앞 사랑채에는 손님을 대접하고 뒤채 별당에는 내가 살고 자식들이며 하인들도 방 하나씩 주어야 하고…."

"내가 오늘 생사에 관해서 아주 중요한 이야기 한 자락 들려 드리고 싶은데 잠깐 일을 멈추고 여기 앉아 내 말을 좀 듣지 않 겠습니까?" "아이고, 내가 지금 바빠서…. 다음에 오시오."

그런 노인에게 부처님은 생사에 관한 시를 읊었습니다만 노인은 성가시기만 해서 그저 "잘 알았으니 다음에 오시오." 라고 대답할 뿐이었습니다. 부처님께서 떠나고 얼마 지나지 않아 서까래가 떨어져 노인은 세상을 떠나고 말았습니다.

- 『법구비유경』

✤

우파가와 노인, 이 두 사람은 똑같이 '바쁘다'고 말합니다. 진짜로 가장 바쁘고 급한 일이 대체 뭘까요? 그것부터 한번 곰곰이 생각해볼 일입니다.

주변을 둘러보아도 그렇습니다. 자신의 삶에 대해 그리 진 지하게 생각하지 않는 사람들이 참 많습니다. '힘들다', '괴 롭다'라는 말은 무수하게 쏟아내는데 정작 왜 힘들고 괴로운

지를 차분히 알아볼 생각은 하지 않습니다. 그저 무엇인가를 이루어 그 힘들고 괴로운 순간을 모면해 볼 생각으로만 가득 차 있습니다.

무엇인가를 이루어내려는 마음속에는 무엇이 들어 있을까요? 무엇인가를 함으로써 자기는 지금 여기에 생존해 있다는 것을 스스로에게 확인시키려는 마음 때문이 아닐까 합니다. 그렇다면 자기가 지금 여기에 이렇게 살아있다는 것을 확인시키려는 것은 무엇 때문일까요? 그렇게 하지 않으면 불안하기 때문에 그럴 것입니다. 왜 불안할까요? 왜 인간은 매순간 순간 자기가 살아있다는 것을 확인하지 않으면 불안한 것일까요? 그것은 그렇게 하지 않으면 자기가 없는 것같이 느껴지기 때문일 것입니다. 죽은 사람이 되어버릴까 두려워서 말입니다.

부처님은 '왜 인간은 두려워하고 괴로워하는가'에서부터 사색을 시작하신 분입니다. 그 이유를 냉철하게 따져 들어갔더니 열두 번째 단계에서 '어리석음'을 발견하였습니다. 그리고 그 어리석음은 다른 것에 대한 어리석음이 아니라 자신의 진짜 모습을 제대로 보지 못하는 어리석음이요, 그 어리석음이라는 것은 바로 내 속에 들어있다는 사실도 아울러 밝혀낸 분입니다.

세상에서 벌어지는 모든 현상들의 가장 근본적인 원인은 바로 중생들 하나하나에게 들어 있음을 깨달은 분입니다. 그것을 알고 나서 그 열두 단계의 이유들을 사람들에게 전해주려고 세상으로 걸음을 놓으신 분인데 우파가와 노인은 그걸 놓치고 만 것입니다. 행복의 땅으로 가는 기차를 말입니다. 어찌 애석하다 하지 않을 수 있겠습니까?

지팡이의 노래

– 어느 노인의 행복 찾기

세존께서 탁발하러 이른 아침에 성에 들어가셨다가 한 노인이 지팡이를 짚고 다니며 밥을 빌러 다니는 모습을 보셨습니다.

"당신은 이제 집에서 편히 자식들의 부양을 받아야 할 것 같은데 어찌하여 지팡이를 짚고 걸식하러 다닙니까?"

부처님의 질문에 노인이 떨리는 음성으로 말하였습니다.

"저에게는 아들이 일곱 있습니다. 다들 장가를 들었고 저는 재산을 똑같이 나누어 주었습니다. 그러다보니 제게는 한 푼도 남아 있지 않습니다. 아들들은 한결같이 저를 부양하지 않습니다. 그러니 이렇게 밥을 빌러 다닐 수밖에요."

노인의 딱한 사정을 들으신 부처님께서 그에게 제안하셨습니다.

"내가 지금 노래를 한 곡 들려주겠습니다. 잘 외웠다가 사람들이 많이 모였을 때 대중 속에서 꼭 이 노래를 불러야 합니다. 알겠지요?"

노인이 마다할 리가 없습니다.

"그렇게 하겠습니다."

그러자 세존께서 곧 노래를 불러주셨습니다.

아들을 낳고서 너무나 기뻐

오직 그를 위해 재산을 모으고

모두 장가를 들였더니 이제는 나를 버리는구나.

말로만 부모 위한다 할 뿐

죽을 때 되니 나를 버리는구나.

말구유에 보리와 곡식이 가득한데도

양보하려는 마음이 없어

늙은 말을 밟아서 쫓아내는 젊은 말과 뭐가 다른가.

사랑하고 공경하는 마음이 없어서

아비를 버리고 구걸하게 만드는 내 아들들은

나를 사랑하는 이 지팡이만 못하구나.

이 지팡이 있으면 개와 염소도 다루고

다닐 적엔 나를 도와주고

어둔 밤에는 나의 벗이 되네.

개천 지날 때면 깊이를 알려주고

넘어지면 지팡이를 붙잡고 일어나니

못된 자식들보다 말 없는 지팡이가 낫네.

이 지팡이만이 나를 아껴 주고 생각하네.

노인은 노래를 완전히 외웠습니다. 그리고 며칠 뒤 마을 사람들이 모인 자리에 자기 일곱 아들이 다 와있는 것을 보고 그곳으로 가서 사람들에게 말하였습니다.

"지금부터 내가 노래 한 곡 부르리다. 한번 들어봐 주오."

그리고 나서 부처님이 가르쳐주신 노래를 불렀습니다. 그 자리에 있던 일곱 아들은 부끄러워 견딜 수가 없었습니다. 그들은 서둘러 자리에서 일어나 아버지를 끌어안았습니다. 늙은 아버지의 입에서 흘러나온 노래를 듣고 자기들이 무슨 짓을 했는지를 그제야 똑똑하게 알아챘던 것입니다.

— 『별역잡아함경』

❈

경에는 그 뒷이야기도 실려 있습니다. 아들들은 아버지를 집으로 모셔다 예전의 자리에 앉혀드렸습니다. 아주 질 좋은 천으로 옷도 해드렸습니다. 예전의 행복을 되찾은 노인은 아들들이 만들어준 옷 중에 가장 좋은 것을 부처님께 들고 가서 공손히 바쳤다고 합니다.

자식 여럿 있는 어머니는 버스에서 죽고, 아들 하나 있는 어머니는 현관문 밖에서 죽고, 딸 하나 있는 어머니는 싱크대 앞에서 죽는다는 자조 섞인 이야기를 제 어머님 세대 분들에게서 들었습니다. 자식이 여럿 있으면 서로 모시지 않으려 하니 이 집 저 집 떠돌다 길에서 인생을 마감하고, 아들 하나 둔 부모는 자식 눈치 보느라 집에도 들어가지 못하고, 딸 가진 부모는 마지막까지 딸내미 살림살이 살아주느라 허리가 휜다는 뜻이겠지요.

행복은 생사의 거친 흐름을 건너 저쪽 언덕에 있다고 합니다. 사람 사는 세상은 번뇌요, 먼지뿐이라며 어서 건너가라고 부처님은 손짓하고 있습니다. 하지만 정작 부처님이 사람들 품에 안겨준 행복은 그들이 있어야 할 자기 자리를 어서 찾아가 당연히 누려야 할 끈끈한 정이었습니다. 그런 것을 보면 노인은 젊은이들로 북적대는 가정으로, 버려진 아이는 푸근한 보금자리로 돌아가는 것이 피안의 행복임에 틀림없습니다.

원숙한 노년, 저돌적인 청년

옛날에 뱀 한 마리가 있었습니다.

어느 날 그 뱀의 꼬리가 뱀의 머리에게 말하였습니다.

"왜 항상 네가 앞장을 서야 하지? 내가 앞에서 갈 수도 있는데 말이야."

머리가 대답하였습니다.

"내가 앞에서 가야 해. 언제나 그렇게 지내왔는데 갑자기 왜 불평을 하는 거야?"

머리가 꼬리에게 일침을 놓고서 여느 때처럼 앞에 서서 기어가려 했죠. 꼬리는 은근히 부아가 났습니다. 그는 나무에 제 몸을 감았지요. 꼬리의 심술에 머리가 졌습니다.

"그래, 좋다. 네가 한번 앞에 서 보아라."

꼬리는 얼른 나무에 감았던 제 몸을 풀고 앞장서서 기어가기 시작했습니다. 하지만 얼마 가지 못하여 불구덩이에 떨어져 그만 뱀은 죽고 말았습니다.

＊

『백유경』에 나오는 이 이야기에서 뱀의 머리는 나이 먹은 스승을, 꼬리는 젊은 제자를 비유하고 있습니다. 늙은 스승이 언제나 앞에서 자기들을 이끌고 가는 것에 반발을 한 젊은 제자들이 자신들이 앞장서서 교단을 이끌고 가지만 계율에 익숙하지 못한 결과 결국 노스승과 젊은 제자들이 함께 계율을 범해 지옥으로 떨어지고 만다는 것을 넌지시 일러주고 있죠.

늙음을 덧없고 괴로운 일이라고 경전 곳곳에서 강조하고 있는 가운데 이렇게 저돌적인 젊은이의 패기보다는 노인의 연륜을 높이 사고 있는 경을 발견한 것은 의외의 신선한 충격이었습니다. 뿐만 아니라 부처님께서 말년에 하신 설법에서 한 나라가 오래도록 번영하려면 신구세대가 화합해야 하고 어른을 공경해야 한다는 아주 유명한 밧지국의 가르침도 우리에게 주고 계십니다. - 『대반열반경』

사실 노인이 젊은이와 힘을 겨루어서 이길 확률은 아주 낮습니다. 얼마 전 지하철에서 노인과 청년이 실랑이를 벌이는 것을 보았는데, 못내 가슴 아팠던 것은 그토록 호방하게 고함치던 노인이 단 한 순간에 젊은이의 기세에 눌리고 그의 고함에 기가 꺾였다는 사실입니다.

『대반열반경』에서는 "어린 아이가 사람들에게 무시당하듯

208

이 사람도 늙으면 항상 모든 무리의 업신여김을 받는다"라고 말하고 있습니다. 노년의 삶은 젊은이들의 업신여김을 받기도 하지만 노인들조차도 노년에 처한 자신들을 그리 곱게 보지 않는 것이 현실입니다.

그렇다면 노년이라는 삶의 시기는 무의미하고 구차하기만 한 것일까요? 사람의 일생이란 영유아 시기로부터 시작해서 소년, 청년, 장년의 시기를 거쳐 노년의 시기까지 이르러야만 완성이 되는 것인데, 과연 노년을 그토록 싫어하고 미워하고 무시해도 괜찮은 것일까요?

노년은 "사람을 활동할 수 없게 만들고, 사람의 몸을 허약하게 하며, 사람에게서 거의 모든 쾌락을 앗아가며, 죽음과 멀리 떨어져 있지 않기 때문에 노년의 사람은 비참해 보인다"고 합니다.*

하지만 이런 네 가지 이유가 있기에 노년이야말로 여유롭고 진지하게 삶을 살아갈 수 있는 가장 적당한 시기라고 말할 수가 있습니다. 되짚어보자면, 세상의 중요한 일은 체력이나 민첩성, 신체의 기민성에 의해서가 아니라 계획과 명망과 판단력에 의하여 이루어지며, 이러한 자질들은 노년이 되면 대개 더 늘어나는 법이요, 세상의 모든 죄악은 쾌락을 좇는 데에

* 『노년에 관하여 우정에 관하여』 키케로 지음, 도서출판 숲, p.29에서 인용.

서 비롯되지만 노년의 삶은 쾌락에 잠기고 싶어도 잠길 수 없게 육체가 쇠약해져 버렸으니 이제야말로 마음의 눈을 뜨고 미덕을 깊이 생각할 수 있는 절호의 기회가 찾아온 셈입니다.

그리고 대중에게 감동을 주는 연설은 패기에 넘치는 젊은이의 웅변이 아니라 노인의 침착하고 부드러운 연설임을 상기할 때* 노년은 인생에서 가장 의미 있는 시기라 해도 지나치지 않을 것입니다.

가전연 존자는 이렇게 말하였습니다.

"나이만 먹었다고 다 노인이 아니요, 눈·귀·코·혀·몸이 바깥 경계에 여전히 애착하고 있다면 아무리 나이 80, 90이 되었어도 철부지요, 이미 제 몸과 마음으로 바깥 경계에 탐착하지 않고 지혜로운 삶을 살아간다면 20대 청년도 지혜로운 노년의 삶을 살아간다고 할 수 있다."– 『잡아함경』

젊은이에게 연륜을 들먹일 필요는 없습니다. 호방하고 저돌적인 패기는 젊은이에게 물려주고, 이제 평생을 공들여 키워온 인생의 나무에서 달콤하게 무르익어가는 열매를 맛보며 깊이 음미하는 모습을 보여주는 것만으로도 노년의 삶은 그 어느 때보다 가장 아름다운 시기가 될 것이요, 젊은이들은 그런 노년의 원숙한 모습을 무엇보다도 부러워할 것이기 때문입니다.

* 키케로, 앞의 책 p.40에서 인용

장님이 코끼리 만지기
- '분별심'은 어떻게 분별하지?

어느 날 왕이 태어날 때부터 앞을 보지 못한 사람 수십 명을 불러 모았습니다. 왕은 그들 앞에 커다란 코끼리 한 마리를 끌고 와서 이렇게 말하였습니다.

"이것은 코끼리라는 동물이다. 자, 너희는 각자 이 동물을 만져보고 나에게 코끼리에 대해서 설명해보아라."

그들은 한참 코끼리를 더듬고 어루만진 뒤에 한 사람씩 자기가 생각하고 머릿속에 그려본 코끼리에 대해서 이야기하기 시작하였습니다.

"폐하, 코끼리는 쟁기처럼 생겼습니다."

이렇게 대답한 사람은 코끼리의 코를 만져본 사람이었습니다. 그는 아주 예전에 쟁기라는 연장을 꼼꼼하게 만져본 적이 있었던 모양입니다. 그러자 그 옆의 사람이 그를 꾸짖었습니다.

"무슨 소리 하는 거요? 폐하, 코끼리는 기둥처럼 생겼습니다."

그는 코끼리의 다리를 만진 사람이었습니다.

그 옆의 사람은 코끼리의 귀를 만지고서 "코끼리는 쌀을 까부르는 키처럼 생겼습니다"라고 답하였습니다.

그 밖의 사람들도 모두 자기가 만진 부분만을 가지고 자기가 알고 있거나 들어두었던 사물에 비유하여 대답하였습니다. 그러면서 자기의 생각이 옳고 다른 이의 생각은 틀렸다고 고집하며 끝없는 말다툼을 벌였습니다. ─『경면왕경』

❋

아마 우리가 일상생활에서 판단하고 결정짓는 모습도 이와 크게 다르지 않을 것입니다. 코끼리의 전체 모습을 보지 못하고 자기가 더듬은 부분만을 가지고 자기가 아는 범위 안에서만 '이게 바로 코끼리다'라고 주장하는 경우가 비일비재합니다. 자신의 그런 주장이 틀릴 수도 있고 부분적인 것일지도 모른다는 생각은 전혀 하지 못하고 '내 말이 옳고 내 생각이 맞다'고 고집부리기까지 합니다.

게다가 그것이 가장 정확한 생각이라고 섣불리 판단을 내린 뒤에는 다른 사람에게 받아들이라고 성화를 부립니다. 그런데 자기가 이렇게 판단하고 행동으로 옮기거나 남에게 자기 생각을 강요할 때 그 바탕에는 대체로 자기의 이익이나 명예욕이 깔려 있습니다. 그래서 남이 자기를 따라주면 기뻐하고 우쭐대지만 자기를 따라주지 않으면 원한을 품거나 서운해 하거나 불같이 화를 냅니다.

자기 마음속에 웅크리고 있는 욕심을 덜어내지 못하고, 사물이나 사건에 흐르는 인과의 법칙과 인연의 법칙을 모르고 있는 어리석은 사람이 자기 잣대로 세상에 대해 이러니 저러니 헤아리고 판단하고 그에 다투는 것을 '사량분별', '분별심', '망상'이라 부릅니다. 우리가 버려야 할 '분별심'은 바로 이런 '어리석음'과 '욕심'을 바탕으로 한 잣대입니다.

그러니 '분별심을 일으키지 말라'는 말은, 세상에서 벌어지는 사건에 대해 가장 먼저 그 일을 대하는 자기 마음속에 사리사욕이 없고, 그 일을 단편적으로 보는 것이 아니라 전체적으로 바라보며, 그 일이 일어나게 된 가장 정확한 원인과 그 일을 둘러싼 인연들을 동시에 파악하라는 뜻인 것입니다. 아무런 생각이나 판단도 내리지 말라거나, 더구나 사기꾼의 행동과 경찰의 존재를 똑같다고 보라는 뜻은 절대로 아닙니다.

세상을 대하는 자신에게 그와 같은 분별심이 사라진다면 그는 가장 자유롭고 위풍당당한 삶을 살아갈 수 있을 것입니다.

"본 것이나 들은 것 속에서 자기에게 유익한 것이 있다고 보면서 그것에만 집착한 나머지 다른 것은 하천한 것이라 보는 어리석은 사람이 있다. 착하고 건전한 사람들은 그것을 속박이라고 말한다. 본 것이나 들은 것에 의존하지 않고 자기를 남과 비교해 동등하다거나 열등하다거나 우월하다고 생각하지 않으며 집착하지 않고 당파에 따르지 않는 사람은 피안으로 건너간다"는 『숫타니파타』의 노래처럼, 속박에서 풀려났기 때문입니다.

속박에서 풀려난 사람은 이제 분별심에 사로잡힌 사람들의 가치기준에서 벗어나 있기 때문에 그들의 칭찬이나 비방에 일희일비하지 않습니다. 이미 자기 마음속에서 욕심과 성냄을 벗어버렸고 자기와 자기를 둘러싼 모든 일들의 원인과 과정과 결과를 알고 있기 때문입니다.

분별심을 일으키지 않는 사람이야말로 우리가 가장 되고 싶어 하는 참자유인이라 해도 지나치지 않을 것입니다.

노보살님의 새로운 출발
– 새 인생을 설계할 권리

얼마 전 사찰의 기본교육시간에 있었던 일입니다.

50명이 넘는 젊은 주부들이 빼곡하게 자리잡은 가운데 그
날은 부처님이 80평생을 살다가셨던 인도의 불교역사를 강의
하는 날이었습니다.

20회에 걸친 기본교육도 막바지에 달한 그날, 나는 예나
다름없이 강의를 마치면서 말하였습니다.

"자, 이제 질문이 있거나 뭔가 나누고 싶은 이야기가 있으
면 말씀하십시오."

열심히 나의 설명을 받아 적고 깔깔 웃어대다가는 질문이
있다며 손을 번쩍 들고 어렵고 애매한 질문들을 퍼부어대던
젊은 여성들 사이에 머리가 허연 노보살님이 한 분 앉아 계셨
습니다.

그 분은 눈꺼풀이 자꾸 처지는지 연신 눈을 비벼대면서 내

강의를 들었는데 눈도 어둡고 동작도 재빠르지 못하니 필기는 아예 엄두도 내지 못하였습니다. 하지만 강의 시간 내내 누구보다도 내게 집중을 하며 귀를 기울이셨던 분이었습니다. 그런 노보살님이 머뭇머뭇 손을 드셨습니다.

"제가 좀 드릴 말씀이 있습니다."

순간 강의실이 조용해졌습니다.

'대체 무슨 말을 하고 싶다는 거지?'

사람들의 시선이 쏠린 가운데 그 분은 자세를 고쳐 앉더니 천천히 말문을 여셨습니다.

"나의 부모님은 자식이 없어서 부처님 전에 기도하여 나를 낳으셨습니다. 그런데 나는 결혼하여 자식을 여럿 두고 그들을 모두 키워 결혼시킬 때까지 부처님에 관하여 한 번도 깊이 생각해본 적이 없습니다. 물론 초파일에 등 달러 절에는 나갔습니다만 도대체 부처님이 뭘 말하려고 하는지, 그리고 불교와 내가 무슨 상관이 있는지 관심조차 두지 않았습니다. 그런데 이제 자식을 모두 키워낸 지금 나는 나 혼자만 남았습니다. 이제 내 인생이 나에게 왔습니다. 나는 지금이나마 불교가 뭔지 알고 싶어졌습니다. 내가 누군지 알고 싶어졌습니다. 그래서 이 나이에 이 자리에 와서 앉게 되었습니다."

떨리는 음성으로 조용히 말을 끝맺은 노보살님의 얼굴에는 천천히 눈물이 번져갔습니다. 주름진 골마다 스며들어 잘 흘러내리지도 못하는 그런 눈물이….

사람에게 새로운 인생을 꿈꿀 권리는 몇 살까지 허용될까요?

몇 살까지만 새 인생을 설계할 자격이 주어지는 것일까요?

평생 자식 위해 살다 나이 들면 저승길이 두려워 '길 닦음' 하러 절에 다니는 노보살님들은 많이 보아왔습니다. 하지만 자기가 서있는 그 자리에서 진정한 자기를 찾아가고자 마음을 낸 그분의 모습에서 나는 진리를 찾아 궁성을 나선 청년 싯다르타를 보았습니다. 그 분의 앞에는 오직 새로운 인생, 새로운 출발만이 기다리고 있을 뿐이었습니다.

가을 연꽃처럼 자기를 접을 때

"참 미인이십니다." "신수가 훤해 보이십니다."

예전에는 이런 인사가 최고였습니다. 하지만 요즘은 "나이보다 젊어 보이십니다" "동안이십니다" 하는 인사가 가장 듣기 좋다고 합니다. 그것도 제 나이보다 한두 살 어려보이는 것은 성에 차지도 않습니다. 최소한 다섯 살 아래로 보여야 남들 앞에 서는 게 자신이 있습니다.

그러니 조금이라도 나이 들어 보이면, 아니 제 나이로 보여도 마치 인생을 헛살아온 느낌이 들어 사람들은 겉모습을 꾸미느라 여념이 없습니다. 나도 예외는 아니었습니다.

몇 달 전 종일 강의를 하고나서 버스를 탔을 때의 일입니다. 원고도 써야 했고 강의 준비도 하느라 전날 잠을 좀 설쳤습니다. 버스좌석에 앉자 맥이 풀렸습니다. 그런데 누가 나를 툭 건드렸습니다. 정신을 차려보니 내가 창에 머리를 대고 잠들어 있었습니다.

나를 건드린 사람은 다름 아닌 중학교 남학생. 어리둥절해 있는 나에게 그 학생이 말하였습니다.

　"아줌마, 내릴 곳 지나치지 마시라구요."

　요즘 보기 드물게 친절한 학생이었습니다. 그런데 사실 그 학생의 배려에 고마움을 품기 전에 내게는 서운함이 먼저 일었습니다. 사람들 앞에서 강의하려고 단정하게 차려 입었는데　그런 것은 아랑곳하지 않고 "아줌마!"라고 딱 불러준 그 학생이 못내 섭섭했던 것입니다. 하지만 버스에서 내려 찬바람을 쐬자 조금 전에 일었던 감정들이 우스워지기 시작하였습니다.

　'지금의 내 나이를 감안하자면 그 학생은 가장 정확하게 나를 본 것인데 왜 내가 그런 마음을 품었던 것일까? 세상 그 무엇은 다 속일 수 있어도 세월은 속일 수 없다는데 왜 나는 내 나이보다 어려보이고 싶은 것일까? 나는 내 나이가 부끄러운 것일까?

　대체 나는 제 나이보다 어리게 보여 무슨 이익을 얻고 싶었던 것일까요? 혼자서 이런저런 생각을 하자니 쓴웃음이 나왔습니다. 옛날에는 흰 머리카락이 한 올 난 것만 보고도 세상의 잡다한 일을 정리한 왕도 있었는데 나는 그에 비하면 너무 철이 없는 사람임에 틀림없습니다.

✽

옛날에 왕이 한 사람 살고 있었습니다.

그는 아주 어질고 총명하여 백성들을 덕과 사랑으로 다스렸고 나라는 매우 안정되고 풍요로웠습니다.

그런데 왕은 이발사에게 늘 이렇게 말하였습니다.

"만일 내게서 흰 머리카락이 보이거든 지체 말고 알려라."

그 명을 잊지 않고 있던 이발사는 어느 날 왕의 머리를 매만지다 흰 머리카락 한 올을 발견하고, 즉시 왕에게 말씀드렸습니다. 그러자 왕은 서둘러 태자를 불러 말하였습니다.

"내게 흰 머리카락이 생겨났다. 이제 왕위를 네게 물려줄 때가 되었다."

태자는 깜짝 놀랐습니다.

"폐하, 누구에게나 흰 머리카락은 생기지 않습니까? 젊은 시절 힘들게 이루었던 그 영광을 이제는 맘껏 누려야 할 때가 되었습니다. 이제야 부귀영화를 누리실 때가 되었는데 물러나신다니 그건 안 됩니다."

"너의 말도 틀리지는 않다. 이제껏 나는 사람이 살아가야 할 바른 길을 살아오느라 분주하였다. 나는 지금까지 한시도 쉬지 않고 내 몸을 가꾸고 영토를 넓히고 나라의 창고를 채우고 백성들을 보살펴 왔다. 젊은 시절 누구보다도 열심히 성실히 살아온 내게 이제 또다시 새로운 삶을 시작할 때가 찾아왔다. 고맙게도 내 흰 머리카락이 그 때를 알려준 것이다."

"그러니 이제부터는 즐기시고 누리셔야 합니다. 저 부귀영화와 권세를 다 접어두고 무엇을 하시렵니까?"

"이제 그런 내 관심과 정열을 안으로 돌리려고 한다. 정말 나를 위한 삶을 살아가고 싶다. 내 정신과 마음을 한 차원 높이기 위해 나는 내가 지닌 모든 것을 버리고 출가하려 한다. 성자의 가르침을 따라 남은 생을 보내고 싶다. 그래서 이제 이 나라를 네게 물려주려는 것이다."

태자는 그래도 부왕의 말을 받아들일 수가 없었습니다. 몇 번이나 간곡하게 부왕을 설득하였으나 그는 오히려 태자에게 이렇게 권하였습니다.

"태자여! 나는 나이가 들었다. 더 지체할 수 없다. 다만 네게 진심으로 부탁하니 세상을 법답게 다스리고, 나라 안의 모든 악한 일을 없애며, 선행을 장려하여라. 그리고 너 역시도 훗날 나이가 들어 흰 머리카락이 생기거든 정사를 물려주어야 한다. 더 늦기 전에 진리가 무엇인지 그것을 찾아 길을 떠나야 한다."

그리고나서 왕은 즉시 권좌에서 물러나 미련을 두지 않고 궁을 떠났습니다.　　　　　　　　　　　　　－「중아함경」

＊

사람에게는 태어나서 잠시 유지되다가 변해가고 그러다 어느 덧 사라지는 인생의 4주기가 있습니다. 우리가 살고 있는 우주도 예외는 아니어서 이루어졌다가 잠시 머물고 그러다 무너진 뒤에 흩어져 텅 비는 4주기가 있습니다. 어느 것도 이 주기에서 예외일 수는 없습니다.

그런데 사람들은 이 인생의 주기를 거스르고 싶어 합니다. 몸이 변해가고 늙어가는 것을 받아들이지 않습니다. 지수화풍의 4대로 이루어진 육신이야 자연의 법칙을 따를 뿐인데 사람들은 어째서 그 변화를 부끄러워하고 피하려고 하는 것일까요?

내가 달라지고 싶지 않아도 세월이 나를 변화시키고 늙게 합니다. 이미 더 이상 젊은 시절의 몸이 아니게 된 몸뚱이를 지켜보면서도 "말도 안 돼. 나는 이렇게 늙을 수 없어"라고 중얼거리는 것처럼 어리석은 일이 또 있을까요?

"연꽃의 빛이 선명하고 좋을 때에는 누구나 보고 사랑하지만 가을이 되어 그 꽃이 시들면 사람들의 마음은 모두 떠나가 버리고 만다. 고개가 꺾인 가을 연못의 연꽃처럼 스스로 마음속 애욕을 접어라. 성자의 가르침을 받고 그릇된 습관을 이제는 버려라." - 『출요경』

변하고 달라지기 마련인 겉모습에 미련을 버리지 못하고 기억 속의 그 젊은 시절로 되돌리는 데에 삶의 남은 시간을 쏟아버리는 현대인들이 꼭 기억해야 할 부처님의 가르침입니다.

무엇을 깨달을까

깨달음의 세계에 어서 빨리 들어가고픈 젊은 수행자가 있었습니다. 그는 아주 덕이 높은 큰스님을 스승으로 섬기며 나날을 보내고 있었습니다. 젊은 수행자는 스승을 모시면서 틈만 나면 이렇게 청하였습니다.

"스승님, 가르침을 내려 주십시오."

그런데 스승은 처음부터 한결같이 이렇게 대답하였습니다.

"나는 너만 못하다. 네 스스로 깨달아라."

젊은 수행자는 그런 대답을 들을 때마다 가슴이 답답해서 견딜 수가 없었습니다. '대체 얼마나 큰 가르침을 주시려고 이러시는 걸까? 언제나 그 말씀을 들을 수 있을까?'

밤낮을 가리지 않고 스승이 혼자 있는 모습만 보이면 젊은 수행자는 뛰어 들어갔습니다.

"스승님, 제발 좋은 말씀을 내려 주십시오."

그러나 스승은 이렇게 대답하였습니다.

"네 스스로 깨달아라. 나는 너만 못하다."

젊은 수행자는 스승의 무덤덤한 태도에 속이 바짝바짝 타들어갔습니다. 시간은 속절없이 흘러만 가고 자기 손에 쥐어진 것은 아무 것도 없었기 때문입니다. 결국 젊은 수행자는 단호한 결심을 하게 됩니다.

'이제 더 이상 기다릴 수 없다. 무슨 수를 써서라도 가르침을 받든지, 그렇지 않으면 다른 스승을 찾아보아야 한다.'

그리하여 큰 비가 내리는 어느 날 외진 곳에서 스승을 기다렸습니다. 오직 끝장을 내고야 말겠다는 심정이었습니다. 그리고 마침내 그 곳을 지나던 스승과 마주칠 수 있었습니다. 젊은 수행자는 대번에 스승의 멱살을 움켜잡았습니다.

"이래도 저에게 말씀해주지 않으시겠습니까?"

멱살이 잡힌 스승은 숨이 막혀 말을 하지 못하였습니다. 얼굴을 찡그리는 스승을 노려보던 젊은 수행자는 비장하게 말하였습니다. "그렇다면 하는 수 없습니다. 아무리 스승이라해도 이제 더는 못 참겠습니다."

스승을 향해 주먹을 치켜드는 순간 스승이 제자에게 말하였습니다.

"네 스스로 깨달아라. 나는 너만 못하다. 제발 네 스스로 깨달아라. 나는 너만 못하다."

자칫 경을 칠 수도 있는 상황에서 목이 조인 채 간신히 내뱉은 스승의 대답이었습니다. 젊은 수행자는 그 순간 무엇에라도 얻어맞은 듯 꼼짝할 수가 없었습니다. 벼락을 맞은 듯 그는 전율하였습니다. 짜릿한 느낌이 온 몸을 쓸고 내려가자 커다란 돌덩이에라도 짓눌린 양 무겁기 짝이 없던 가슴이 순식간에 개운해졌습니다. 어둡기만 하던 세상이 환해졌습니다.

눈앞이 깨끗해지자 주먹을 쥐고 있는 자신이 보였습니다. 자신의 주먹이 보였습니다. 분노에 차올라 스승을 향해 높이 쳐들었던 주먹이었습니다. 그는 멱살을 쥔 손을 풀었습니다. 그리고 스승 앞에 태산이 무너지듯 무릎을 꿇고 온몸을 던져 절을 올렸습니다. 책에서는 그가 활연히 대오[豁然大悟]하였다고 기록하고 있습니다만 저는 이 글을 읽을 때마다 그의 깨달음의 순간은 벼락을 맞은 듯 전율하였으리라는 느낌이 강하게 듭니다.

그는 스승의 말에서 무엇을 깨달은 것일까요?

그 수행자 본인이 아닌 이상 그의 깨달음을 완전하게 이해할 수는 없습니다. 그러나 "나는 너만 못하다, 네 스스로 깨달아라"라고 되뇌는 스승의 말에는 저 역시도 모골이 송연해집니다.

며칠 전 저는 위빠사나 수련회를 다녀왔습니다. 아주 짧은 시간이었지만 그 곳에서 한 낯선 이를 만났습니다. 묵언의 규칙을 깨고 그 이는 말하였습니다.

"간화선이고 위빠사나고 다 뜬구름 잡는 이야기이군요. 위빠사나 수행을 한 스님에게서 좋다고 들어서 왔는데 잘 모르겠습니다."

그는 저보다 앞서 그 곳을 떠나갔는데 그가 남긴 여운에는 실망스러움이 가득 배어 있었습니다. 그는 그곳에 온 이유에 대해서 '좋을 것 같아서' 라고 대답하였습니다.

초심자를 대상으로 불교에 대한 강의를 할 때 저는 종종 묻습니다. "왜 이곳에 오셨습니까?"

그런데 너무나도 많은 이들에게서 돌아오는 대답은 "…그냥요…"입니다.

불교공부를 좀 해보았지만 알 듯 모를 듯 하고 뭘 말하는 건지 종잡을 수 없다는 이들에게 '대체 뭘 알고 싶은가?'를 물으면 그들은 멋쩍은 듯 웃으며 고개를 갸웃합니다.

번뇌에 시달리는 주인공도 자기이고 깨달음의 주인공도 자기이거늘, 자기가 왜 그 곳에 있는지 무엇을 알고 싶어 하는지도 모르는 사람들에게 그 스승은 또 이렇게 말할 것입니다.

"나는 너만 못하다. 네 스스로 깨달아라."

---

* 젊은 수행자는 중국 송나라 때 양기 방회 선사이고, 스승은 자명 선사입니다. 『직지심체요절』 하권에 등장하는 이야기입니다.

그 할머니, 사람 잡네!

한 할머니가 커다란 나무 밑에 잠시 누워 쉬고 있었습니다.

그런데 이상한 낌새에 눈을 뜬 할머니는 기절하는 줄만 알았습니다. 할머니 몸의 몇 배나 되는 커다란 곰 한 마리가 할머니를 습격하려고 앞 발 두 개를 번쩍 들고 있었기 때문입니다.

마침 그때 눈을 떴으니 다행이지 하마터면 큰일날 뻔했습니다. 할머니는 재빠르게 일어섰습니다. 그리고 몸을 피했지요. 하지만 곰도 워낙 날쌘 짐승이라 만만치 않았습니다.

할머니와 곰.

나무를 사이에 두고서 빙빙 돌며 쫓고 쫓기고 있었습니다. 한참을 그렇게 빙빙 돌다가 곰이 한쪽 발을 나무에 짚고서 한쪽 발로 할머니를 후려치려고 하는 순간 할머니는 한 손으로 아주 재빨리 나무를 짚은 곰의 앞발을 눌렀습니다. 그리고 곰이 당황해하는 사이에 다른 쪽 앞발 하나마저 얼른 붙잡아서 나무에 대고 눌렀습니다. 그림이 그려지시나요? 나무를 사이에 두고 곰의 앞 발 두 개를 할머니가 두 손으로 꾹 누르고 있는 광경이요. 하지만 할머니는 너무 힘이 들었습니다. 지금은 꼼짝 못하고 있지만 사납고 힘센 곰이 언제 할머니를 다시 공격할지도 모를 일이었습니다. 그런데 마침 어떤 남자가 그 나무 곁을 지나가고 있었습니다. 할머니는 얼른 꾀를 내어 그를 불렀습니다.

"이봐요, 청년! 나 좀 도와주구려. 내 대신 이 곰 앞발을 눌러주면 그 사이에 내 얼른 이 녀석을 잡을 테니 우리 둘이서 고기를 나눠 먹읍시다."

청년은 곰을 잡아서 나누어주겠다는 말에 얼른 할머니 대신 곰의 앞발을 자기 손으로 힘껏 눌렀습니다. 할머니는 이제 살았다 하며 걸음아 날 살려라 삼십육계 줄행랑을 쳤습니다.

그 청년이 곰에게 어떻게 되었는지 여러분들의 상상에 맡기겠습니다. 그런 청년을 두고 동네 사람들이 "이런 바보 멍청이"라며 비웃었다는 것으로 이야기는 끝납니다. - 『백유경』

❉

이 『백유경』에 나오는 할머니와 곰 이야기를 읽을 때는 허리가 꺾이도록 웃었습니다. 어리숙한 청년보다는 할머니의 재치가 더 재미있었습니다. 하지만 이 이야기에 등장하는 인물과 상황이 무엇을 비유한 것인지에 대한 설명을 읽고서는 더 이상 웃을 수가 없었습니다.

이 세상에는 참으로 많은 사상과 이론들이 있습니다. 사람들을 이 한 세상 그럭저럭 잘 살아가게 하는 교훈들도 많이 있지만 그에 못지않게 엉뚱한 방향으로 사람들을 끌고 가는 종교가나 이론가들도 많습니다. 그들은 자기 말에 책임도 지지 못하면서 마치 자기 생각과 주장이 진리라는 듯이 거침없이 사람들을 향해 쏟아 붓습니다. 할머니는 바로 이렇게 무책임한 종교가를 비유한 것입니다.

그리고 세상에는 아무리 번드레한 말을 들어도 '진짜 그런가?' 라며 진지하게 생각해보는 사람이 있는가 하면 귀가 얇아서 남의 말에 그저 솔깃해 제대로 알아보지도 않고 그냥 믿어버리는 사람 또한 많습니다.

귀가 얇은 사람은 대체로 '당신이 행복해지려면 이런 일을 해야 한다' 라는 말에 마음이 많이 흔들립니다. '이런 일을 하면 당신은 부자가 된다' 라든지, '이런 일을 해야 자식이 잘 된다', '병이 낫는다' 라는 말을 들으면 불을 향해 날아드는 나방처럼 더 이상 앞뒤 가리지 않고 덤벼듭니다. 이런 무모한 사람들 중에는 학력과 재산을 어느 정도 가진 사람도 상당수 있습니다. 곰 고기를 나누어줄테니 이 곰 좀 붙잡고 있으라는 말에 속아 넘어가 곤욕을 치른 청년이 바로 이런 사람을 비유한 것입니다.

시중에는 '부처님의 말씀'을 담은 책과 스님들과 재가불자들이 쓴 책들이 참 많이 나와 있습니다. 하지만 그 모든 책이 다 알차고 유익한 내용은 아니라는 점을 명심하시기 바랍니다. 책들 중에는 자기가 기거한 절이 효험이 있다거나, 꼭 어떤 특정한 절에서 천도재를 지내야 '좋은 일'이 있다는 말이 암암리에 들어가 있는 것들도 있습니다.

또는 그 책의 저자인 스님을 친견하러 절에 갔거나 했을 때 주변 사람들이 다가와 정성을 더 쏟으라느니, 조상을 달래야 한다느니 하는 말들을 슬쩍 건네거나, 긴가민가하고 있을 때 "지금 내 말은 아무에게나 함부로 하지 않는다. 특별히 당신에게만 들려준다"며 은근히 설득하는 이가 있다면 그건 전부가 사나운 곰을 청년에게 넘기고 도망친 할머니와 같은 존재들임을 기억하시기 바랍니다.

결국 곤욕을 치르고 비웃음을 당한 자는 청년 아니었습니까? 당하고 나서 할머니를 원망한들 무슨 소용 있겠습니까? 세상은 그런 청년을 순수하다고 하지 않고 어리석다고 비웃기에 드리는 말씀입니다.

그리운 아버지의 술 냄새

초판 발행 2007년 5월 13일
초판 3 쇄 2010년 5월 20일

•

지은이 이미령
펴낸이 박상근(至弘)

•

펴낸곳 불광출판사
서울시 종로구 수송동 46-21 (3층)

•

등록번호 제1-183호(1979. 10. 10.)

•

대표전화 420-3200
편 집 부 420-3300
전   송 420-3400

•

ISBN 978 - 89 - 7479 - 542 - 9
www.bulkwang.or.kr

값 7,000원